地域活性化シリーズ

# 秋田内陸線エコミュージアム

=ローカル線を軸にした地域おこし=

エコハ出版

# はじめに

二〇一八年一一月、秋田内陸鉄道に乗り、縄文と山菜をめぐるツアーを企画した。我々は以前から地域活性化のための活動を続けているが、そのためには地域の風土・歴史・文化などについての深い理解と地域住民との交流による新しい企画が不可欠だと考えている。（注Ⅰ）

この度、秋田内陸線に乗る旅では、いきなり山菜を中心とする「ごっつお便」に乗せられ、地元の農家の方々から熱い歓迎のもてなしを受けた。森と渓谷の中をゴトンゴトンと走るローカル線ののんびりした旅は実に趣があった。最初の宿は築一五〇年松橋旅館で、この地域では今でもクマやシカの狩猟が行われており、夕食には熊やシカの鍋とたっぷりの山菜料理が出てきた。料理やマタギの説明を受け、内陸鉄道社長、町議、元秋田大学教授も交え、夜遅くまで地域の話を聞かせていただいた。今も残る縄文の雰囲気や山菜料理の奥深さ、ローカル線の応援の地域住民の努力の話を聞いているうちに、このローカル線をモデルにした全国ローカル線ネットワーク構築に参加したいとの思いが強まり本書が企画された。

そもそも、北東北のこの地域は今から約一万年前、縄文時代の拠点となったところであり、近くに伊勢堂岱遺跡や大湯遺跡がある。翌日は、縄文館で館長からの丁寧な

（注1）2018年11月17，18日行く「行くぜ東北縄文と山菜をめぐる秋田内陸線の旅」を企画し東京から9人が参加し地域の関係者と交流し、本書企画のきっかけとなった。

説明があり、我々の方からも土谷精作さんの近著『縄文の世界はおもしろい』の紹介をさせていただいた。近代文明のアンチテーゼとして縄文の世界が見直されているという話では双方が意気投合し、世界遺産登録への期待が高まった。先に訪れたマタギの里や山ブドウをなめした編み物の実演に接すると、はまさに縄文が今でも生きているという実感が強くした。

最後の日は山菜を採取、集荷、加工、販売に携わっている地域の方々との交流を行った。これを首都圏等の大都市に流通させる「山菜王国ネットワーク」の可能性も強く感じた。

また、フリー切符で内陸線の各駅を行ったり来たりしているうちに「笑う岩偶」の駅長さんや駅の前や道の駅に並ぶウッドアート（チェーンソーアート）や案山子にも感動し、エコミュージアムとしての内陸鉄道の未来についても考えてみたくなった。

そこで、東京で活動するふるさと支援グループと地域の専門家や関係者でプロジェクトを結成し、連携して本書を出版してみようということになった次第である。

# 目　次

# 第1章　ローカル線を軸とした地域おこし

鈴木克也

秋田内陸線

## 1　ローカル線の現状

日本における地域活性化の問題を考えるにあたって、地方のローカル線の問題は重要な切り口の一つだと思われる。ここでローカル線とは一般に走行距離が短い地方鉄道のことで、統計上は新幹線、在来線、都市鉄道に分類されないその他の鉄道として扱われている。（注1）

このローカル線が今大きな問題を抱えており、これが今後どうなっていくかで地域経済が大きな影響を受けるのである。

地域における人口減少、モータリゼーションによる交通体系の変化により、ローカル線の利用客が減少し、採算が悪化している。それによるサービス低下が住民による鉄道離れを引き起こし「負のスパイラル」が続き、ローカル線の存続自体が問題になっているのである。

（注1）ウィキペディア（フリー百科事典）では「ローカル線とは寛さん先駆等の輸送量の少ない鉄道路線及び道路。航空路線をさすとしている。」

国土交通省の統計によるとローカル線の乗車人員は図表１―１のように、平成初年（一九八八年）には５億人を超えていたのに、平成十三年には４億人を切るようになった。平成二十五年以降は多少回復の傾向がみられるが依然として低い水準である。

その結果、ローカル線の経営状況は悪いものが多く、経常収支が赤字の会社が７３・６％にもなっている。（図表１―３）

**図表1-2　鉄道会社の経常収支**

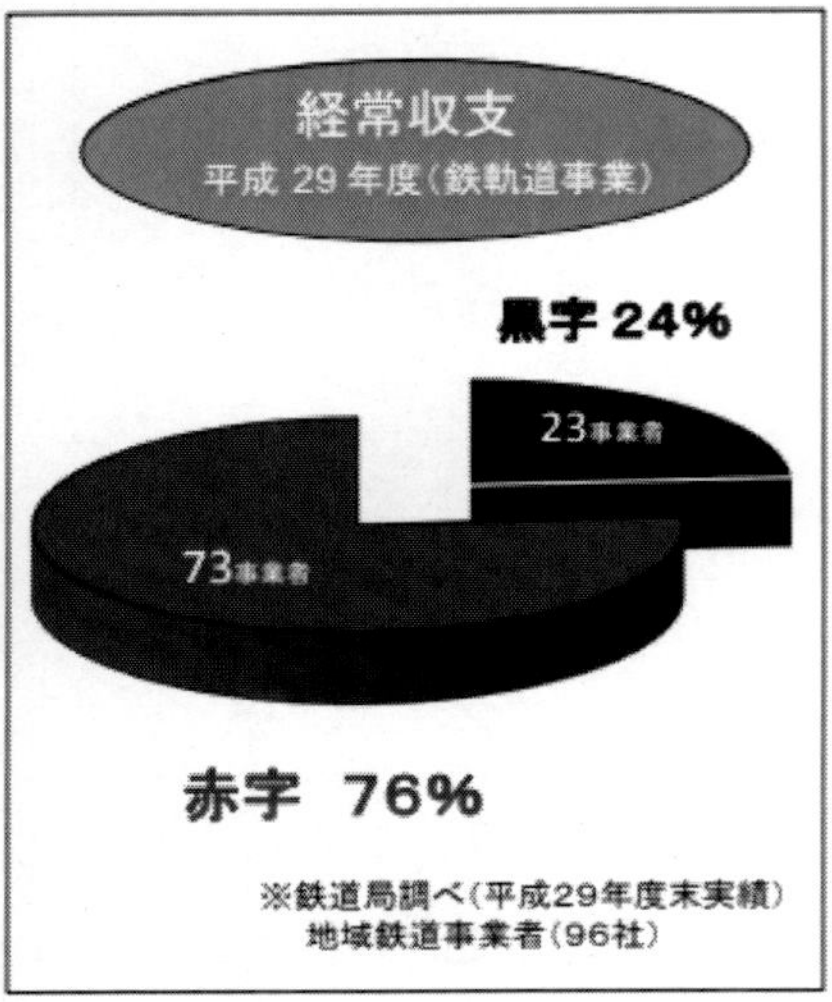


**図表1-1　輸送人員の推移**

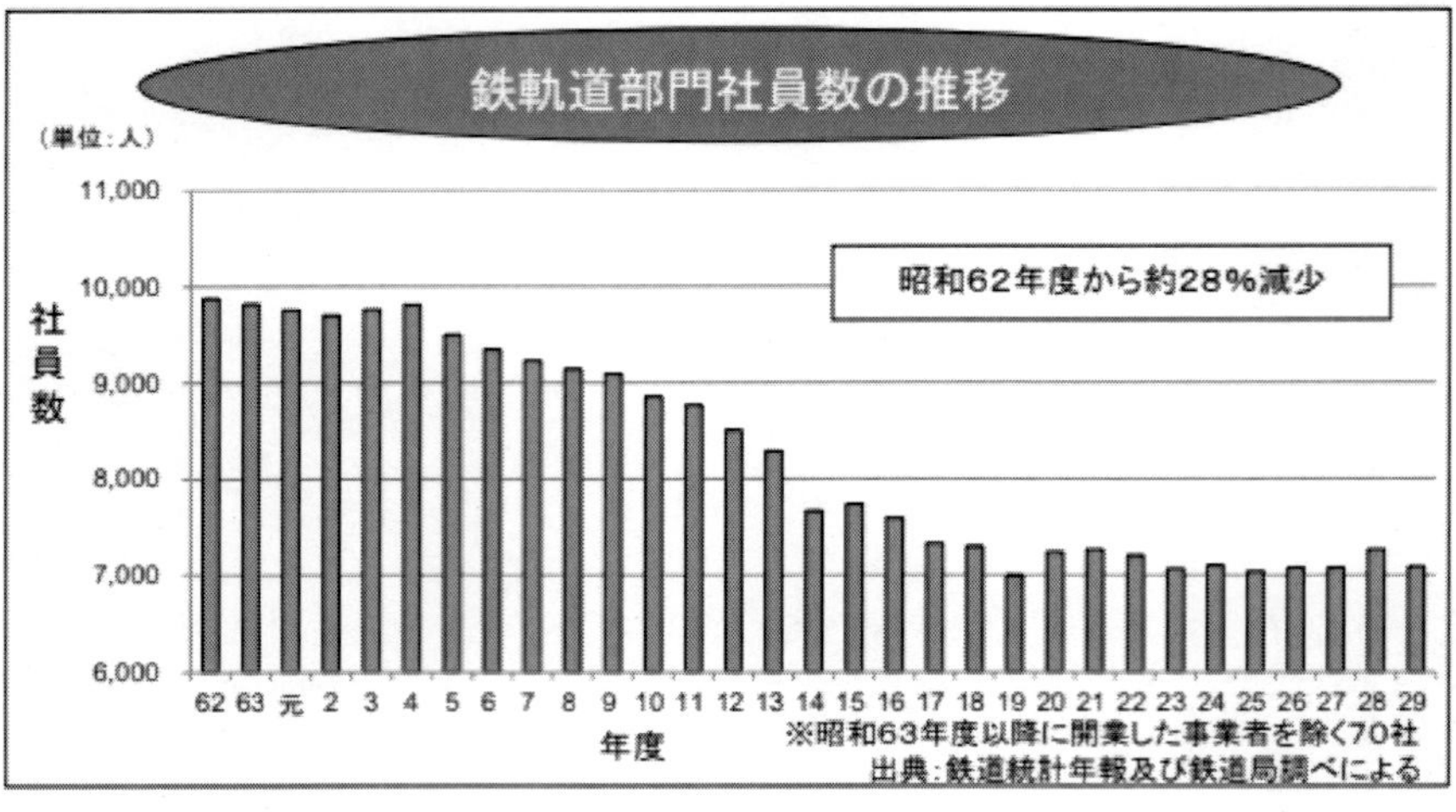

一九八〇年の国鉄民営化以降、不採算路線を廃止することが自由となり、運営者による自己都合で、廃線に追いやられたものである。

特に二〇〇〇年頃からは地方のローカル線が次々と廃止され、二〇一八年までで、四〇路線８７９kmが廃止された。

まさに、「ドミノ倒し」のような事態となったのである。

## 図表1-3　最近廃止されたローカル線

○　平成12年度以降、全国で40路線・879.2kmの鉄軌道が廃止された。

【平成12年度以降の全国廃止路線一覧】

| 年度 | 路線名 | 事業者名 | 区間 | 営業キロ | 営業廃止年月日 |
|---|---|---|---|---|---|
| 12 | 北九州線 | 西日本鉄道 | 黒崎駅前〜折尾 | 5.0 | 12.11.26 |
| 13 | 七尾線 | のと鉄道 | 穴水〜輪島 | 20.4 | 13.4.1 |
| | 大畑線 | 下北交通 | 下北〜大畑 | 18.0 | 13.4.1 |
| | 揖斐線 | 名古屋鉄道 | 黒野〜本揖斐 | 5.6 | 13.10.1 |
| | 谷汲線 | 〃 | 黒野〜谷汲 | 11.2 | 13.10.1 |
| | 八百津線 | 〃 | 明智〜八百津 | 7.3 | 13.10.1 |
| | 竹鼻線 | 〃 | 江吉良〜大須 | 6.7 | 13.10.1 |
| 14 | 河東線 | 長野電鉄 | 信州中野〜木島 | 12.9 | 14.4.1 |
| | 和歌山港線 | 南海電気鉄道 | 和歌山港〜水軒 | 2.6 | 14.5.26 |
| | 永平寺線 | 京福電気鉄道 | 東古市〜永平寺 | 6.2 | 14.10.21 |
| | 南部縦貫鉄道線 | 南部縦貫鉄道 | 野辺地〜七戸 | 20.9 | 14.8.1 |
| | 有田鉄道線 | 有田鉄道 | 藤並〜金屋口 | 5.6 | 15.1.1 |
| 15 | 可部線 | JR西日本 | 可部〜三段峡 | 46.2 | 15.12.1 |
| 16 | 三河線 | 名古屋鉄道 | 碧南〜吉良吉田 | 16.4 | 16.4.1 |
| | 〃 | 〃 | 猿投〜西中金 | 8.6 | 16.4.1 |
| 17 | 揖斐線 | 〃 | 忠節〜黒野 | 12.7 | 17.4.1 |
| | 岐阜市内線 | 〃 | 岐阜駅前〜忠節 | 3.7 | 17.4.1 |
| | 美濃町線 | 〃 | 徹明町〜関 | 18.8 | 17.4.1 |
| | 田神線 | 〃 | 田神〜競輪場前 | 1.4 | 17.4.1 |
| | 日立電鉄線 | 日立電鉄 | 常北太田〜鮎川 | 18.1 | 17.4.1 |
| | 能登線 | のと鉄道 | 穴水〜蛸島 | 61.0 | 17.4.1 |
| 18 | ふるさと銀河線 | 北海道ちほく高原鉄道 | 池田〜北見 | 140.0 | 18.4.21 |
| | 桃花台線 | 桃花台新交通 | 小牧〜桃花台東 | 7.4 | 18.10.1 |
| | 神岡線 | 神岡鉄道 | 猪谷〜奥飛騨温泉口 | 19.9 | 18.12.1 |
| 19 | くりはら田園鉄道線 | くりはら田園鉄道 | 石越〜細倉マインパーク前 | 25.7 | 19.4.1 |
| | 鹿島鉄道線 | 鹿島鉄道 | 石岡〜鉾田 | 27.2 | 19.4.1 |
| | 宮地岳線 | 西日本鉄道 | 西鉄新宮〜津屋崎 | 9.9 | 19.4.1 |
| | 高千穂線 | 高千穂鉄道 | 延岡〜槙峰 | 29.1 | 19.9.6 |
| 20 | 島原鉄道線 | 島原鉄道 | 島原外港〜加津佐 | 35.3 | 20.4.1 |
| | 三木線 | 三木鉄道 | 三木〜厄神 | 6.6 | 20.4.1 |
| | モンキーパークモノレール線 | 名古屋鉄道 | 犬山遊園〜動物園 | 1.2 | 20.12.27 |
| | 高千穂線 | 高千穂鉄道 | 槙峰〜高千穂 | 20.9 | 20.12.28 |
| 21 | 石川線 | 北陸鉄道 | 鶴来〜加賀一の宮 | 2.1 | 21.11.1 |
| 24 | 十和田観光電鉄線 | 十和田観光電鉄 | 十和田市〜三沢 | 14.7 | 24. 4. 1 |
| | 屋代線 | 長野電鉄 | 屋代〜須坂 | 24.4 | 24. 4. 1 |
| 26 | 岩泉線 | JR東日本 | 茂市〜岩泉 | 38.4 | 26. 4. 1 |
| | 江差線 | JR北海道 | 木古内〜江差 | 42.1 | 26. 5. 12 |
| 27 | 上町線 | 阪堺電気軌道 | 住吉〜住吉公園 | 0.2 | 28. 1. 31 |
| 28 | 留萌線 | JR北海道 | 留萌〜増毛 | 16.7 | 28. 12. 5 |
| 30 | 三江線 | JR西日本 | 江津〜三次 | 108.1 | 30. 4. 1 |

【平成12年度以降の全国廃止路線長の推移（平成30年4月1日時点）】

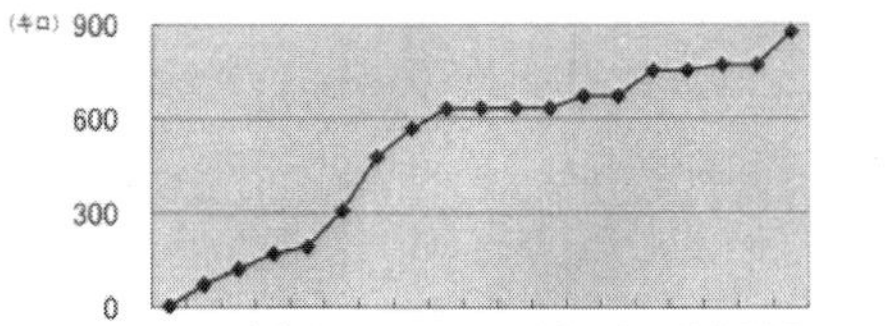


（出所）国土交通省

しかし、交通弱者である高齢者や未成年者、障害者にとっては、これは生活に関わる大問題であるし、地域おこしの立場からすると、まちの中心地機能や地域のシンボルとしての鉄道の存続意義は大きい。

それに対する住民の反対運動もあり、自治体との協力により第3セクターとして、ローカル線維持存続と地域再生のかけ声の中で、以前のように「ドミノ倒し」のような状況はなくなったものの、ローカル線が抱えている経営問題の深刻さは今なお続いている。

**図表1-4　現在存続しているフォーカル線**

地域鉄道とは、一般に、新幹線、在来幹線、都市鉄道に該当する路線以外の鉄軌道路線のことを言う。地域鉄道事業者の運行主体は中小民鉄及び第三セクターに分けられる。平成30年4月1日現在で96社(中小民鉄：49社、第三セクター：47社)

| 運輸局 | 事業者名 | 営業キロ |
|---|---|---|
| 北海道運輸局（1社） | ●道南いさりび鉄道 | 37.8 |
| 東北運輸局（11社） | ●青い森鉄道 | 121.9 |
| | ●三陸鉄道 | 107.6 |
| | ●秋田内陸縦貫鉄道 | 94.2 |
| | ●IGRいわて銀河鉄道 | 82.0 |
| | ●会津鉄道 | 57.4 |
| | ●阿武隈急行 | 54.9 |
| | 弘南鉄道 | 30.7 |
| | ●山形鉄道 | 30.5 |
| | ●由利高原鉄道 | 23.0 |
| | 津軽鉄道 | 20.7 |
| | 福島交通 | 9.2 |
| 北陸信越運輸局（14社） | ●しなの鉄道 | 102.4 |
| | 富山地方鉄道 | 100.7 |
| | ●あいの風とやま鉄道 | 100.1 |
| | ●えちごトキめき鉄道 | 97.0 |
| | ●北越急行 | 59.5 |
| | 長野電鉄 | 33.2 |
| | ●のと鉄道 | 33.1 |
| | 北陸鉄道 | 20.6 |
| | 黒部峡谷鉄道 | 20.1 |
| | ●IRいしかわ鉄道 | 17.8 |
| | アルピコ交通 | 14.4 |
| | ●万葉線 | 12.8 |
| 北陸信越運輸局 | 上田電鉄 | 11.6 |
| | ●富山ライトレール | 7.6 |
| 関東運輸局（16社） | 秩父鉄道 | 71.7 |
| | 関東鉄道 | 55.6 |
| | ●鹿島臨海鉄道 | 53.0 |
| | ●わたらせ渓谷鐵道 | 44.1 |
| | ●真岡鐵道 | 41.9 |
| | 小湊鐵道 | 39.1 |
| | 上信電鉄 | 33.7 |
| | ●野岩鉄道 | 30.7 |
| | ●いすみ鉄道 | 26.8 |
| | 富士急行 | 26.6 |
| | 上毛電気鉄道 | 25.4 |
| | 箱根登山鉄道 | 15.0 |
| | ●ひたちなか海浜鉄道 | 14.3 |
| | 江ノ島電鉄 | 10.0 |
| | 銚子電気鉄道 | 6.4 |
| | 流鉄 | 5.7 |
| 中部運輸局（20社） | ●長良川鉄道 | 72.1 |
| | ●天竜浜名湖鉄道 | 67.7 |
| | 大井川鐵道 | 65.0 |
| | 養老鉄道 | 57.5 |
| | ●えちぜん鉄道 | 53.0 |
| | 三岐鉄道 | 48.0 |
| 中部運輸局 | 伊豆急行 | 45.7 |
| | ●愛知環状鉄道 | 45.3 |
| | ●樽見鉄道 | 34.5 |
| | 伊豆箱根鉄道 | 29.4 |
| | ●明知鉄道 | 25.1 |
| | 豊橋鉄道 | 23.4 |
| | ●伊勢鉄道 | 22.3 |
| | 福井鉄道 | 21.4 |
| | 遠州鉄道 | 17.8 |
| | ●伊賀鉄道 | 16.6 |
| | 東海交通事業 | 11.2 |
| | 静岡鉄道 | 11.0 |
| | 岳南電車 | 9.2 |
| | ●四日市あすなろう鉄道 | 7.0 |
| 近畿運輸局（11社） | WILLER TRAINS | 114.0 |
| | 神戸電鉄 | 69.6 |
| | 近江鉄道 | 59.5 |
| | 阪堺電気軌道 | 18.7 |
| | ●信楽高原鐵道 | 14.7 |
| | 叡山電鉄 | 14.4 |
| | 和歌山電鐵 | 14.3 |
| | ●北条鉄道 | 13.6 |
| | 京福電気鉄道 | 11.0 |
| | 水間鉄道 | 5.5 |
| | 紀州鉄道 | 2.7 |
| 中国運輸局（8社） | ●智頭急行 | 56.1 |
| | 一畑電車 | 42.2 |
| | ●井原鉄道 | 41.7 |
| | 広島電鉄 | 35.1 |
| | ●錦川鉄道 | 32.7 |
| | ●若桜鉄道 | 19.2 |
| | 水島臨海鉄道 | 10.4 |
| | 岡山電気軌道 | 4.7 |
| 四国運輸局（5社） | ●土佐くろしお鉄道 | 109.3 |
| | 高松琴平電気鉄道 | 60.0 |
| | 伊予鉄道 | 43.5 |
| | ●とさでん交通 | 25.3 |
| | ●阿佐海岸鉄道 | 8.5 |
| 九州運輸局（10社） | ●肥薩おれんじ鉄道 | 116.9 |
| | ●松浦鉄道 | 93.8 |
| | ●平成筑豊鉄道 | 49.2 |
| | 島原鉄道 | 43.2 |
| | ●くま川鉄道 | 24.8 |
| | ●南阿蘇鉄道 | 17.7 |
| | 筑豊電気鉄道 | 16.0 |
| | ●甘木鉄道 | 13.7 |
| | 熊本電気鉄道 | 13.1 |
| | 長崎電気軌道 | 11.5 |

[●印：第三セクター]

（出所）国土交通省

## 2　ローカル線とその沿線の魅力

地域おこしの観点から見ると、ローカル線とその沿線の魅力は非常に大きい。本書で取り上げる秋田内陸線にも典型的に見られるようなローカル線の魅力には、次のような点があげられる。

①　ローカル線は森や渓谷、海岸線を走るものが多く、四季折々の風景をゆっくりと楽しめる。

②　そこには人々の普段の生活があり、地域色が濃く現われている。

③　各駅が地域のコミュニティの中心となっており、人々が気軽に交流できる。

④　駅を中心にまちづくりが行われた結果、人々が集まりやすい拠点となっている。拠点間の交流も容易である。

⑤　交通はシンプル化され、専門家によって運行されているので、比較的安全な交通手段だと言える。

## 3　ローカル線の維持・存続の条件

以上のような厳しい環境の中でも、生き残ったローカル線には、次のような共通点がある。（注２）

① 通勤、通学、病院通い、買物などの地域での安定的需要がある。
② 観光列車のように外部からの顧客を呼び込む条件が整っている。
③ 事業者の経営努力で経済的なコスト削減を行い、事業規模に見合った収支構造となっている。
④ ローカル線を維持・存続して貰いたいという住民の強い願いがあり、そのためのサポート運動がある。
⑤ 自治体の支援体制が整っている。

（注２）ローカル線が廃止になった原因については特にその存続の運動に携わった人による**分析事例がある。**

## 4 ローカル線の存続から活用へ

景気回復による地域経済のある程度の安定と事業者・自治体・住民の努力によって「ローカル線のドミノ倒し」の状況は収まったように見える。しかし地方の人口減少や交通体系の変化は、依然として続いており、問題が根本的に改善した訳ではない。今後求められるのは、ローカル線を存続させ維持させるだけの発想から、ローカル線を活用した沿線地域全体の新たな展開を考えることだと思われる。

本書ではそれを「内陸線を軸にしたエコミュージアム」の構想として問題提起することにする。その条件などについては第7章でまとめて論じることにする。

ここで地域問題全体にかかわる考え方であるが、環境や歴史・文化についてはそれを維持・保存するというだけでは経費だけかかるので、持続的なものにはなりにくいということを認識しておく必要がある。

それを活用・利用することによって地域の発展に貢献し、その運動を広げることによって地域の活性化が図られ、それが環境や歴史・文化の維持・保全につながるということである。

このことはローカル線に限らず現在起こっている様々な「社会問題」を考えるにあ

たって極めて重要な視点であり、エコハ出版では『ソーシャルエコノミーの構図』の中で論じている内容とも通じている。（注３）

（注３）エコハ出版編『ソーシャルエコノミーの構図』］２０１８年

（インタビュー）

# 秋田内陸線の取組み

スマイルレール
秋田内陸線
Now Loading ・・・

吉田裕幸社長

**秋田内陸線は日本のローカル線の中でも積極的な展開をされている会社だと聞いております。会社の経営理念としてはどのようなことを掲げておられますか。また、社長になられてから特に力を入れて取り組まれていることは何ですか。**

**（吉田）** 秋田内陸線は「地域を元気にするためにある鉄道です」。秋田県にとって、なくてはならない鉄道、地域に必要とされる会社を目指して、日々「価値づくり」をテーマとして会社の舵取りを行っています。安全安定輸送、コンプライアンス経営を会社運営の土台として、社会の信頼に応え、地域の期待を超えることで、存在価値をつくり出してまいりたいと考えています。そ

＊＊＊＊＊＊＊＊＊＊＊＊＊＊＊＊＊＊＊＊＊＊＊＊＊＊＊＊＊＊＊＊＊＊＊＊＊＊＊＊

のような理念と現状のギャップをどう埋めて行くのか、解決を図るべき課題は山積みですが、ひとつずつ着実に歩を進めてまいります。

　事業活動において、もっとも大切にしているキーワードは「地域一体」です。会社が新たに取組む事業は、極力地域の方々との連携・協業で進めたいと考えています。企画にあたっては、その事業を行うことで、「地域の喜び（満足）があるか否か？」は絶対に譲れない判断軸です。「列車に乗ってもらえれば良い。鉄道利用者が増えればいい」だけでは、地域からの信頼は得られません。会社の成長や発展もありません。地域のためになる、地域に利益が届く企画や事業を「地域と一緒に創り出し、提供したい」と考えています。

**路線図**

音楽や語りをはじめ、地域で文化的な活動をしていらっしゃる方々に対し、発表のステージとして私共の列車を提供し、観光利用者のお客さまへのおもてなしに充てる「ライブトレイン企画」、阿仁合駅のエキ中レストランを会場として、地域の絵本作家と連携して親子

＊＊＊＊＊＊＊＊＊＊＊＊＊＊＊＊＊＊＊＊＊＊＊＊＊＊＊＊＊＊＊＊＊＊＊＊＊＊＊＊＊

対象の「読み聞かせカフェ」を開催するなど、連携事業を拡大しています。駅の目的地づくりにも力を入れています。列車の乗降場所という概念をゼロにして、楽しめる里山の駅づくりを進めています。

阿仁合駅の駅舎オーナー募集には、全国から4，200名を超える募集がありました。感謝です。

「乗ってください！」とお願いされても、列車は、用事がなければ乗りません。

そこで、夏、冬、春の長期休みの期間に、沿線の小中学生を無料とする企画もつくりました。沿線の自然や歴史文化を学んでもらう「親子による自由研究需要」の掘り起しに努め、多くのご利用をいただきました。地元・森吉山でゴンドラを運営するNPO法人や温泉施設さん等の協力も得て、共同企画として地域の魅力をアピールしました。直近では、全線開業30周年企画の一環として沿線の3つの農園さんと初めて連携する活性化事業「スマイルファーム・オーナー」の販売も始めました。

**特に、「笑顔でおもてなし」「スマイルレール」というのはいいと思いますが、これにはどういう意味が込められているのですか。**

**（吉田）**　私が着任した2年前、秋田内陸線の愛称は、平成24年に公募で選ばれた「秋

**笑顔でおもてなし**

＊＊＊＊＊＊＊＊＊＊＊＊＊＊＊＊＊＊＊＊＊＊＊＊＊＊＊＊＊＊＊＊＊＊＊＊＊＊＊＊＊

＊＊＊＊＊＊＊＊＊＊＊＊＊＊＊＊＊＊＊＊＊＊＊＊＊＊＊＊＊＊＊＊＊＊＊＊＊＊＊

田美人ライン」でした。「鉄道イコール男の文化」のイメージからの脱却を図るため、女性を新たなターゲットとして展開するためのイメージづくりだったようです。けれども、そこにストーリーや具体的戦略がありませんでした。秋田美人は唯一無二の秋田ブランドであり、これを活用して何とか新たな展開ができないかと考えましたが、面としての拡がりを描くことができませんでした。会社の成長を期して、新たな価値づくりを模索するにあたり、愛称の見直しだけにとどまらない「ブランドコンセプト」そのものを整える必要性を感じました。それは決して会社の押しつけであってはいけない、この地域のエゴであってはならないものです。私たちの願いは何なのか、私たちの事業活動を通じて、この地域にどうなってほしいのか、訪ねていただいた方にどう感じていただきたいのか、その「願い」を言語化したいと考えました。私がこの地域に初めて訪ねたときの印象は三つでした。「やさしい」「やわらかい」「あたたかい」です。これら形容詞は、人、地域の営み、自然、文化、歴史などの垣根を越えて、すべてを包含する強烈な地域イメージとして、今もしっかりと記憶に刻まれています。最初に訪れた時に感じたこの沿線地域全体の「空気」や「匂い」「流れる時間」を大切にしたいと考えました。守るべき秋田内陸線の世界観づくりは、このような「感覚」をベースにして動き出しました。

「待っている人がいる、そこに笑顔がある、そこで笑顔になれる」。内陸線と沿線地域のキ

＊＊＊＊＊＊＊＊＊＊＊＊＊＊＊＊＊＊＊＊＊＊＊＊＊＊＊＊＊＊＊＊＊＊＊＊＊＊＊

＊＊＊＊＊＊＊＊＊＊＊＊＊＊＊＊＊＊＊＊＊＊＊＊＊＊＊＊＊＊＊＊＊＊＊＊＊＊＊＊＊

ーコンセプトが決定しました。

来ていただいた方を笑顔で迎えたい、この地域で笑顔になっていただきたい、そのことで地域や私たちもさらに笑顔になりたい。私たちのそんな願いをすべてのお客様に届けたい。新愛称「スマイルレール」が決定しました。それは同時に、すべての事業が「地域とお客様の笑顔づくりのために」という「事業の幹」が完成した瞬間でした。

現在、イメージギャップ是正のために、企画そのものはもとより、業務レベルの底上げと提供するすべてのサービス品質の向上に努めています。お客様のご満足とご納得への道のりはまだまだ遠いと感じていますが、私たちの会社が先導し、地域全体で「笑顔のおもてなし」ができるよう、地域の皆さんと一体となって取り組んでまいりたいと考えております。

**「企画列車」の取組みも面白いと思いますがこれまでどのようなものに人気がありましたか。これからどのような企画をお考えですか。**

**（吉田）**　「地域一体」を具現化する企画列車として、この冬初めて「雪見利き酒シリーズ」を3商品発表しました。①地元（鷹巣）の酒店さんセレクトの地酒に、同じく地元の料亭特製のおつまみ、②地元のワインショップセレクトの地産ワインに、洋風お惣菜を中心した地元のおつまみ、③地元産の特製どぶろくと秋田で人気のおでんとがっこ（漬物）を組み合わせました。すべて「地元」で固めてお店が見える企画としました。もともと秋田内陸線は「雪見」という冬の観光素材における

＊＊＊＊＊＊＊＊＊＊＊＊＊＊＊＊＊＊＊＊＊＊＊＊＊＊＊＊＊＊＊＊＊＊＊＊＊＊＊＊＊

＊＊＊＊＊＊＊＊＊＊＊＊＊＊＊＊＊＊＊＊＊＊＊＊＊＊＊＊＊＊＊＊＊＊＊＊＊＊＊

強みを持っておりましたが、そこに「地元の味を楽しむ」という要素を加えて、地域の魅力のＰＲを主眼として企画したものです。おかげさまで、いずれもご好評をいただき、次への手ごたえを感じとることができました。

そして、お座敷車両を活用した「ごっつお玉手箱列車」は、内陸線の看板商品でありロングセラー企画です。二〇一八年度　第４回ジャパンツーリズムアワードで入賞の栄に浴することができました。全国から二六一の応募があり、多数の受賞がありましたが、東北からは３件、秋田県からは唯一の受賞でした。選定理由は、先進性、独創性、地域連携力。手前味噌ですが、そのどれもフィットする文句なしの「地域発」の企画であると自負しています。一番嬉しかったことは、最大の評価ポイントが「持続性」だったということです。変化の激しい時代、ひとつの企画が殆ど形を変えることなく一〇年以上提供され続け、今もなお多くのご利用があるということが、この企画の最大の価値です、と伺いました。

二〇〇七年に仙北市西木（にしき）地区の農家のお母さん方が中心となり、手作りでスタートした「地域のおもてなし企画」に対し、全国はもとより海外から、高い評価とともに沢山の皆さんにご利用いただいてきました。その好評ぶりに、全国の自治体や鉄道会社が多数視察に訪れてくださったそうです。持ち帰り、自分達の地域でもやってみよう！となったようですが、一回、二回はできても、さらに続けることが困難で、みな頓挫していると聞いています。「地域における連携」という

＊＊＊＊＊＊＊＊＊＊＊＊＊＊＊＊＊＊＊＊＊＊＊＊＊＊＊＊＊＊＊＊＊＊＊＊＊＊＊

＊＊＊＊＊＊＊＊＊＊＊＊＊＊＊＊＊＊＊＊＊＊＊＊＊＊＊＊＊＊＊＊＊＊＊＊＊＊＊＊＊＊＊＊＊＊＊

と、言葉で表すと簡単ですが、持続的な活動にするためには、並々ならぬ努力と信頼関係が必要です。西木地区には伝統的におもてなしのＤＮＡがあり、そのうえで「自分達の手でなんとか地域を元気にしたい」という強い志があります。西木地区の農家のお母さんたちは、今もその強い思いで連携の枠組みを維持しています。

「ごっつお玉手箱列車」は、秋田内陸線が主催する他の企画列車とは大きく趣が異なります。企画のテーマは、秋田の素朴なおもてなしそのものであり、守り継承すべき地域の食とおもてなしの文化です。今回の入賞は地域への評価であり、さらには秋田県のおもてなしが認められたものです。地域の皆さんと一緒に喜びを分かち合い、そして誇りに感じたいと思います。

私どもは、この後も地域と一体となった新たな企画を発信し続けてまいります。しかし一方で「変えてはならないもの」、「守るべきもの」もあります。そのどちらも大切にして、新しい時代も地域一体、会社一丸となって前に進んでまいります。

**そのほかで今経営上最も力を入れられているのは何ですか。**

**（吉田）**「鉄道の持つ力をどこまで高められるか」をテーマに全社でチャレンジしています。

日本の鉄道は、一五〇年の歴史を刻んできました。その中で、鉄道に求められる役割も大きく変わってきています。秋田内陸線も、森林鉄道、鉱山鉄道をルーツとして、日本の

＊＊＊＊＊＊＊＊＊＊＊＊＊＊＊＊＊＊＊＊＊＊＊＊＊＊＊＊＊＊＊＊＊＊＊＊＊＊＊＊＊＊＊＊＊＊＊

************************************

近代化に大きく貢献しながら成長してきた歴史があります。物資の運搬に始まり、その後は地域の生活を支える住民の足として、地域にとってなくてはならない交通インフラとしての役割を担い、住民とともに地域発展の原動力として昭和の時代を走り続けてきました。

しかし、時代が変わりました。急激なモータリゼーションの進化、歯止めのきかない人口減少等、避けることのできない社会環境の変化の中で、列車の利用者数は減少の一途をたどっています。これは全国の地域鉄道が直面している問題点です。

今、秋田内陸線は、生活路線としての使命はそのままに、秋田県はもとより、日本を代表する観光路線、地域の広告塔としての新たな役割と地域の大きな期待を背負って課題と向き合っています。

定期券利用を除く沿線内需要をさらに掘りおこす取り組みを続けながら、地域外利用者の拡大とリピート化を目指し、提供価値の磨き上げを行っています。

価値づくりのテーマは、秋田内陸線とこの地域がもつ資産・資源の最大化です。列車、駅やレストランの魅力価値、観光アテンダントなど人的おもてなし、地域の観光・文化・自然・歴史資源など、保有する様々な有形無形の資産や地域資源の価値最大化をいかに図るかが、最大のテーマです。けれども自社努力だけでは限界があります。

地域の皆様、応援してくださる様々な方のお力なしには魅力を深堀りは叶わず価値を高めることはできません。

************************************

＊＊＊＊＊＊＊＊＊＊＊＊＊＊＊＊＊＊＊＊＊＊＊＊＊＊＊＊＊＊＊＊＊＊＊＊＊＊＊＊＊

この地域には、実施から八年目を迎える「列車から眺められる田んぼアート」が沿線に５個所あります。全国でも珍しい「列車が展望台」の劇場空間です。四季を彩る景観美に定評のある秋田内陸線の「夏の風物詩」としてすっかり定着し、国内外の多くのお客様に笑顔を届けてくれています。これは地域の皆様のお力なくして展開できない取組みであり、まさに地域の宝物です。５つの地域それぞれで、地元自治会の皆さん、小学生の皆さんはじめ、多くの住民の皆さんが測量から田植え、稲狩りまで、泥まみれになり、汗を流してアート作りを行ってくれています。「内陸線に沢山のお客様に乗ってもらい、そのことでこの地域を元気にしたい」という思いの結晶です。

また、昨年から、春の訪れとともに阿仁合駅周辺にはたくさんの鯉のぼりが泳いでいます。

特に圧巻は、駅裏手の阿仁川（あにがわ）をまたいで宙を泳ぐ鯉のぼりの大群です。鯉のぼり企画も、地域の方の企画により、全県から眠っている鯉のぼりを募っていただいたものです。列車からも見ることができるたくさんの鯉のぼりたちと地域の力が重なり合って、多くのお客様を笑顔にしてくれています。

雪の季節には、阿仁合駅に大きな大きな「しあわせのイルミネーション」が

**田んぼアート**

＊＊＊＊＊＊＊＊＊＊＊＊＊＊＊＊＊＊＊＊＊＊＊＊＊＊＊＊＊＊＊＊＊＊＊＊＊＊＊＊＊

＊＊＊＊＊＊＊＊＊＊＊＊＊＊＊＊＊＊＊＊＊＊＊＊＊＊＊＊＊＊＊＊＊＊＊＊＊＊＊＊＊

灯ります。

地域の皆様の提供・設置による、まさに希望の灯りです。

今年、秋田内陸線に2人の応援大使が誕生しました。秋田県出身の漫画家、矢口高雄さんと、プロの音楽家、向谷実さんです。

それぞれ、阿仁合駅に複製原画とオリジナル駅メロをご提供いただき、駅の価値を大きく高めてくださいました。全国の矢口ファン、向谷ファンが阿仁合駅を訪ねて来てくださっています。

列車も駅も、本来の役割に別な価値を加えることによって、魅力と可能性が無限に拡がっていくことを日々感じています。

応援してくださるすべての皆様に感謝です。

**本書では内陸線沿線の活性化のためにエコミュージアムを展開するのがいいのではないかと提言していますが、それについてのご意見をお聞かせください。**

**（吉田）**この沿線には、訪れる人を魅了する沢山の観光素材が散らばっています。「沿線5大文化」と称されるものがその代表です。

角館の武家文化、西木地区の農山村文化、阿仁のマタギ文化、同じく阿仁の鉱山文化、そして縄文文化です。

多様な文化や四季の自然美、自然にはぐくまれた歴史や風土、里山の食文化など、素材の宝庫とも言える当地域で、「エコミュージアム」をコンセプトとして魅力の整備と磨き上げを行うことは、地域の価値向上を図るうえで、極めて重要な取り組みだと考えます。ま

＊＊＊＊＊＊＊＊＊＊＊＊＊＊＊＊＊＊＊＊＊＊＊＊＊＊＊＊＊＊＊＊＊＊＊＊＊＊＊＊＊

さに地域が一体となって注力するべき活動です。

活動に際して、ひとつだけ留意が必要です。たくさんの魅力を発信する際に、勢い「あれもこれも」とポイントを広げすぎないことです。５つのＰＲポイントを並べられその価値や魅力を熱心に訴えられると、多くの方は辟易します。逆の立場になれば、「せめて２つか３つにしてくれよ」、「おたくの地域の一番の売りは何ですか？」となります。全国の多くの地域が観光プロモーションに熱心に取り組むあまり、この罠にはまりこみ、せっかくの取り組みの成果が得にくくなっているケースが散見されます。

観光ニーズは、時代の多様化に呼応して、近年さらに細分化・複雑化が進行しています。十人十色の嗜好をもって人は旅をしますので、多くの地域は、そのすべてのニーズに応えたい、と、「魅力の百貨店的」な装いでプロモーションを行っています。これは避けたいです。「誰でもどうぞ、何でもあります」の全方位的なプロモーションは、結局はどこにも誰にも届かないという悲劇を招きます。

また、固有の資源を「学問」として極限まで踏み込んだ内容で価値の打ち出しを行うケースもあります。ターゲットを限定して意図的な絞り込みを図る場合は有効な戦略です。

誰にでも届く、誰の嗜好にも会う、そんな魔法のようなプロモーションはありません。この地域ならではの本質的価値をどこまでわかり易く整えられるか、その情報を誰に届けるのか、どんな人に来てもらいたいのか、を

＊＊＊＊＊＊＊＊＊＊＊＊＊＊＊＊＊＊＊＊＊＊＊＊＊＊＊＊＊＊＊＊＊＊＊＊＊＊＊＊＊＊

明確にしたうえで、相反する２つの要件をクリアする取り組みにチャレンジしたいと考えます。

**――どうもありがとうございました。**

**秋田内陸線のHP**

＊＊＊＊＊＊＊＊＊＊＊＊＊＊＊＊＊＊＊＊＊＊＊＊＊＊＊＊＊＊＊＊＊＊＊＊＊＊＊＊＊＊

# 第２章　秋田内陸線の挑戦

秋田内陸線

大穂耕一郎

## １　秋田内陸線の誕生と危機の発生

### 秋田内陸線の誕生

秋田内陸縦貫鉄道株式会社は、国鉄分割民営化半年前の一九八六年十一月に、国鉄から路線を引き継いで、鷹巣―比立内間の「秋田内陸北線」と、角館―松葉間の「秋田内陸南線」が開業した。

そして一九八九年には、建設途中だった比立内―松葉間の工事が完成して、鷹巣―角館間９４・２㎞の秋田内陸線が開業した。計画策定から全通まで、実に七〇年の歳月がかかった鉄道の、開業時の盛り上がりは大変なものだった。

### 第三セクター鉄道の弱点

官民共同の第三の事業体としての

秋田内陸線

「第三セクター」方式を、ＪＲから切り離されて新たに発足した鉄道のほとんどがとっている。

秋田内陸縦貫鉄道の場合、筆頭株主は秋田県で、沿線の北秋田市と仙北市を合わせて、全体の４分の３以上を持ち、残りを秋田銀行、北都銀行、東北電力など民間企業、団体が保有している。

秋田内陸縦貫鉄道の発足時には、運転、保守など現場要員は旧国鉄から、事務方は自治体や地元企業から多くを採用した。合わせて、自社で若手を採用している。社長は初代が秋田県知事で、その後は沿線自治体（当時は７町村）の首長が務めていた。実際の経営は、県の部長級を退職したＯＢが代表取締役専務として数年交代で派遣されていた。

寄り合い所帯で責任があいまいという第三セクター会社の弱点はこの鉄道にもそのまま当てはまっていた。

**比立内駅に飾られた開通式の写真**

## 赤字の拡大と廃止論の台頭

秋田内陸縦貫鉄道秋田内陸線の利用者は、開業後数年は年間一〇〇万人台だったが、その後は減少が続き、二〇〇三年度には五六万人となった。赤字額は二〇〇〇年度には㈢億四千万円と膨れ上がり、二〇〇三年度は二億八千万円に下がったものの、大きな課題となっていた。

第三セクター鉄道は、政府から多額の転換交付金を付与されていた。それを基金として積み立て、預金利子で赤字を補うという構想だった。しかし、折悪しくバブル崩壊によって金利は急落し、各鉄道会社は元金を削って赤字補てんをするという事態に陥った。そして、元金（基金）がなくなって、存続か廃止かという議論が起きる、というパターンがあちこちで見られた。（存続となった鉄道は、基金を新たに積んだところが多い。）

秋田内陸縦貫鉄道の場合は、赤字額の補てんは基金の取り崩しではなく、県と自治体が予算の中から補てんしてきたため、基金には余裕があったのだが、「赤字補てんは財政のムダ」という声が上がってきたようである。

二〇〇三年、秋田県の寺田典城知事（当時）は、鉄道の存続か廃止かを議論する「秋田内陸線沿線地域交通懇話会」の設置を表明した。これは廃止への手続きの第一歩である。このときの県の姿勢は、懇話会の設立時の資料によく表れているので、これを引用する。

「秋田内陸縦貫鉄道の経営環境は依然厳しさを増す一方であり、今後も大幅な経営収支の好転の見通しは立っていない。

さらに今後は橋梁やトンネルなどの施設の老朽化により大規模改修の必要性も想定

される。開業後15年近く経過し、マイレール意識の低下により、存続に向けて取り組んだ沿線住民からも、バス転換に向けた意見が出るなど、地域の取組みに差が出てきている。

こうした現状を受けて、県は、沿線町村とともに、沿線地域の交通の今後のあり方を模索するため、秋田内陸線沿線地域交通懇話会を設立する。」

## 2　内陸線存続運動

### 存続運動の始まり

このような県の動きに対して、存続を求める声を上げる団体や個人はほとんどいなかった。私はこの二〇〇三年に、会社が一般に募集した「秋田内陸線サポーター」の一人となり、東京在住の身でありながら、存続運動を始めることにした。私は秋田大学の学生だったときに、旧国鉄阿仁合線に足しげく通い、写真を撮り歩いていたので、この鉄道を残すには、地域の魅力を多くの人たちに知らせて、観光客を呼び込むことが必要だと思っていた。

「サポーター」となっても、会社から具体的なことを頼まれるわけではない。そこ

存続運動

で自分から行動を起こした。インターネットを通じて鉄道ファンの仲間を作って写真展を開き、沿線地域に人脈を作り、広げ、支援のイベントを何度も開催した。存続を願っている人は、とても多いことが分かった。

二〇〇四年には、地元の阿仁町（現・北秋田市）で存続を求める町民集会があり、それをもとに住民による存続運動団体が結成された。しかし、まだ沿線の７自治体の足並みはそろっていなかった。（現在は合併により、北秋田市と仙北市の２自治体となっている。）

## 秋田県とのやり取り

鉄道を廃止してバスにするとどうなるか、という検討が、懇話会で進んでいた。

二〇〇四年三月の懇話会では、民間の調査機関による調査結果が報告された。それは、９４・２ｋｍのうち、乗客の少ない南半分を廃止してバスに転換した場合の経営効果を検討したもので、結論は、南半分をバスにしても赤字額は変わらず、効果よりもマイナス面が大きいので、会社と行政、住民が努力して鉄道を存続させるべき、というものだった。

しかし、県は次の手を打ってきた。二〇〇四年八月、全線を鉄道で残した場合とバスに転換した場合の運行収支は、鉄道が２億８千万円の赤字、バスだと１億３千万円の赤字で、バス転換で赤字が半分に減るという調査結果を公表したのである。そして、秋には地元住民のアンケート調査を行った。

住民へのアンケート調査の結果は、「今後とも鉄道を残すべき」が五八％、「バス転換すべき」が二九％だった。この数字は、ローカル鉄道の支援をしている友人によると、他の、存廃問題が起きている鉄道沿線に比べて、存続派がとても多いとのことだった。

二〇〇四年十一月、私は全国鉄道利用者会議代表の清水孝彰さん、北海道教育大学准教授の武田泉さんと３人で、秋田県庁の担当部長に鉄道の存続を求めるために訪問した。これは沿線選出の県議会議員にお願いして実現したものだ。テレビや新聞記者も入れての行動で、このあと３人で記者会見も行い、秋田県内のマスコミに一斉に取り上げられた。

この県への訪問では、私たちは、赤字か黒字か、ということよりも「費用便益分析」という手法を取り入れるように求めた。これは、鉄道が存続した場合とバス転換した場合の、かかる費用と、経済効果などを総合的に分析して数値（金額）化するというものだ。このときすでに国土交通省はこの手法を取り入れ始めていて、分析方法もマニュアル化されていた。秋田県もこの「費用便益分析」をするとのことだった。

秋田県が依頼したコンサルタント会社による、秋田内陸線の費用便益が、二〇〇五年一月の懇話会に発表された。それによると、向こう三〇年間で、バス転換にしたほうが三十一億七千万円有利というものだった。

さっそく清水孝彰さんに県の報告書を送って分析を依頼したところ、結果は何と、鉄道存続が三〇年間で一六八億三千万円も有利というものだった。その理由は、県の報告書には計測可能で重要な要素が入っていなかったこと。バスが集落の中を走る騒音や、鷹巣や角館で鉄道からバスに乗り換える不便さ、それによる秋田新幹線「こまち」などＪＲの利用者減、収入への影響、そして、積雪期の路面凍結や吹雪などの影響が計算されていなかったのだ。この結果をすぐにマスコミにリリースした。反響は大きかった。

二〇〇五年二月の懇話会では、双方の試算結果の違いが話題となった。特に決め手となったのは、コンサル会社の試算に雪の影響がまったく書かれていないことだった。この懇話会は、「秋田内陸線は今後も存続すべき」という意見で一致し、存続に向けたスキーム作りをすることとなった。二〇〇五年三月に出された懇話会の報告書からは、県の原案にあった「バス転換」の文言が削除された。そして新たに「秋田内陸線再生支援協議会」が発足、私もサポーター代表として委員に加わった。

## 二〇一〇年に「長期存続」が決まった

しかし、県の廃止への姿勢は変わらず、再生計画が策定され、訪れる観光客が増えてきた二〇〇六年十二月、秋田県知事が、安全対策のための改修工事に九億円かかるという理由で、再び廃止をにおわせた。二〇〇七年三月の、再生に向けた再生支援協議会（大穂も委員として参加）で県側委員は、「まず存続、という時期は過ぎた。廃止を含めて検討をお願いしたい」と発言した。

この状況に危機感を抱いた地元の青年会議所が、存続を求める1万人署名運動をスタート、支援団体の連携も進み、六月に1万7千人以上の署名と存続要望書を県に提出した。このあたりから、鉄道の存続が地域活性化につながるという認識が支援団体の間で共有され、様々な集会が沿線で開かれるようになった。また、首都圏在住の秋田県出身者の団体も支援の活動を始め、東京でも集会が開かれた。県内の経済人の中にも、存続の意見が広がってきた。

県は、こうした存続運動の広がりに対して、二〇〇八年に入ると、少しずつ「存続」に姿勢を変えてきた。八月二五日には支援団体の三〇〇人が秋田市内をデモ行進して県庁で代表が寺田知事と面会、存続を求める文書を手渡した。

**３００人が集まった、秋田内陸線を守る会**

結成総会（２００６年）撮影・工藤寿

九月八日、秋田県の寺田知事（当時）が定例記者会見で、秋田内陸線を「残す方向で北秋田市、仙北市の市長に話したい」と表明した。その後、「五年間の存続」という期限付きで両市長、市議会と合意した。

「存続」と言っても、五年後にはまた存廃論議が起きるという状況は、「廃止決定を先延ばしした」とも言える。存続運動はまだ続いていた。様々な団体、様々な枠組みで、集会があちこちで開かれた。

二〇〇九年に、秋田県の寺田知事が引退して、秋田市長だった佐竹敬久氏が知事となった。その翌年の二〇一〇年１月に、県は秋田内陸線の存続のための長期的な取り組みをすると発表。線路などの施設維持のために、安全対策工事などを進めることとした。これによって、約７年に及んだ秋田内陸線の存廃論議は、一応終結した。

## 社長の交代

長く自治体の首長が交代で「社長」となり、実際のトップは県から来たＯＢ、そして現役の出向という体制だったところに、二〇〇九年に初めて、民間からの社長が就任した。ただ、この人は県内の他の三セク会社の社長との兼務で、秋田内陸縦貫鉄道の社長としては「週二日勤務」というものだった。実務を行う専務は県の人間のままだった。

この社長は、いろいろアイデアは出したものの、指示するだけでは社員を動かすことができなかった。その人の最後の仕事が、次の社長を「公募」することだった。

すでに他の三セク鉄道では、茨城県のひたちない海浜鉄道、千葉県のいすみ鉄道で公募社長が会社改革を進めており、二〇一一年七月には秋田県のもう一つの三セク、由利高原鉄道で公募社長が就任していた。

秋田内陸縦貫鉄道の公募社長に決まったのは、「そごう」の支店長を務めた人物で、神戸からやって来た。いろいろ手は打ったのだが、地元にも会社にもとけこめないまま、3年後の二〇一四年に辞任した。県によって更迭されたとも言われている。

次の社長はＪＴＢから着任した。そのＪＴＢから来た社長も、努力はしたものの社内改革や有効な経営ビジョンを打ち出せずに、3年後に辞任した。

そして二〇一七年、現在の吉田裕幸社長が、やはりＪＴＢから着任した。吉田社長は就任早々、秋田内陸線と沿線地域の将来ビジョンを私案として発表し、活発な動きで社内の空気も少しずつ変わってきた。私を含めた沿線関係者の間では、安堵、歓迎、協力の機運が強くなった。会社と沿線の人たちとの連携、協力もスムーズになった。

## 「秋田内陸線夢列車プロジェクト」の取組み

秋田内陸線の車両は一九八八年に製造されたものがほとんどで、老朽化が進んでいた。これはどこの第三セクター鉄道も同じで、すでにあちこちの三セク鉄道で新型車両への置き換えが進んでいる。しかし秋田県は、新しい車両の導入に踏み切れなかった。５年ほど前に私がある幹部に尋ねたとき、幹部はこう言った。

「内陸線に新しい車両を導入するということは、内陸線をずっと先まで存続させるという意思表示になる。だから、今はできない。」

つまり、内陸線の長期存続への県民や県議会の理解を得ることが難しいという判断なのだ。しかし、車両の故障はすでに増えていて、このままではダイヤ通りに走らせることができなくなるのではないかと危機感を持った。

ちょうどそのころ、内陸線支援団体の中から、「寄付を集めて新車を内陸線に寄贈したらどうか」という話が持ち上がり、二〇一五年からの二年間に、新車１両分の寄付（目標１億５千万円）を集めようという**「秋田内陸線夢列車プロジェクト」**を立ち上げた。

寄付は二年間で一九〇〇万円近く集まり、新車購入にはとても及ばなかったが、内陸線の目玉商品であるお座敷車両の内装、外装をリニューアルすることができた。二〇一八年四月に完成記念式典を行った。

これに並行して、秋田県では国の補助を得て、既存車両のリニューアル工事を順次施工し、二〇一九年現在、三〇年を経た車両のほとんどがリニューアルされている。

この、県によるリニューアル工事の実施には、支援団体の「夢列車プロジェクト」が力を与えたのだと思っている。

## 次の「廃止論」に備える

秋田内陸線の利用者は、しかし、減り続けている。だが、明るい要素は、観光客の乗車が毎年伸びていることで、特に外国人観光客は、団体乗車だけで昨年度は２万５千人以上となった。外国からの個人客も相当来ているので、年間３万人は超えているはずである。秋田県の中で一番外国人観光客が来ているのが秋田内陸線なのだ。

秋田内陸線が重要な観光資源となっていることは、今や県も十分わかっていて、老朽化した車両や駅舎のリニューアル、観光客の誘致に力を入れている。

だが、「廃止論」がまったく消えたわけではない。県や地元自治体の財政負担は続いているし、大災害に見舞われれば、膨大な復旧費用を理由に、また「廃止論」が浮上することは間違いない。その事態を跳ね返す地力は、会社にも沿線地域にも、まだ蓄積されていない。存続運動は、これからも続くのである。

## 3　秋田内陸線の　今と　これから

### ローカル鉄道は観光列車で客を呼んでいる

昨今は、たいへんな「鉄道ブーム」である。鉄道の旅を扱ったテレビ番組の数も多い。女性のファンも増えていて、すそ野が大きく広がった感がある。厳しい経営状況の中でも健闘しているローカル鉄道が目立ってきたのも、ファンの増加とリンクしているのかもしれない。ファンもそうだが、鉄道の旅をしたい観光客が増えていると思う。

沿線人口の減少は、ローカル鉄道に共通の難題だが、多くの鉄道会社は、外から観光客を呼ぶことによって、そのマイナスを埋めようと取り組んでいる。その中心が、観光客向けの列車を走らせることだ。

東北地方のローカル線用の観光列車としては、ＪＲ五能線の「リゾートしらかみ」が老舗だが、ＪＲではほかに、八戸線にレストラン列車「東北エモーション」、「リゾートうみねこ」、津軽線・大湊線に「リゾートあすなろ」など、多くの観光列車を運行している。釜石線の「ＳＬ銀河」、磐越西線の「ＳＬばんえつ物語」もこの仲間だ。

資金力のあまりない民鉄や第三セクター鉄道も、それぞれの特徴を生かした車両を走らせている。津軽鉄道のストーブ列車、三陸鉄道のこたつ列車、秋田内陸縦貫鉄道の「お座敷列車」、そして会津鉄道は「お座トロ展望列車」というマルチな観光列車だ。

## 秋田内陸線の観光列車

ローカル鉄道の観光列車に必要なのは、沿線の自治体や観光団体、住民との連携である。多くのローカル鉄道では、様々な形で会社外の人たちの応援を得て、観光列車を盛り上げている。

秋田内陸線の一番人気の観光列車は、**「ごっつお玉手箱列車」**。お座敷列車を使って角館から阿仁合まで運行するが、発車すると途中の駅から郷土料理を少しずつ積み込んで、配膳して行く。懐石料理やレストランのコース料理の手法を動く列車を舞台に提供しているわけだ。料金は、一日フリーきっぷを含めて六九〇〇円である。

料理を積み込むのは、近くの農家民宿のお母さんや、旅館の女将さんだ。配膳と接客も、農家のお母さんたちが担当する。乗客はローカル列車の旅と、地域の食文化に触れる旅を同時に味わうことができる。

この「ごっつお玉手箱列車」は、しかし、通年運行ができないという欠点がある。農作業が忙しい時期は、スタッフとして対応できないためだ。これが、「地元の協力」

**ごっつお玉手箱列車**

の限界でもある。

そこで内陸線では、「ごっつお玉手箱列車」以外にも、少し低価格の観光列車の企画を始めた。日本酒とつまみを楽しむ**「利き酒列車」**、**「どぶろく列車」**や、洋風のつまみを提供する**「ワイン列車」**などである。今後、様々な企画列車を増やして、土・日曜日の通年運行ができるようにしたいとのこと。

## 観光客に対応した車両へ

秋田内陸線の車両のほとんどは、**AN8800形**といい、一九八八年に製造された、第三セクター鉄道用の標準車両である。当時の国鉄形ディーゼルカーより小型・軽量で、地元の利用客を対象にした作りとなっている。

この8808形とは別に、当初から観光客の利用を見込んでつくられたのが、急行列車用のAN8900形で、一九八九年に鷹巣―角館間全線開業して以来、急行「もりよし」号として使われていた。だが、8800形と違って運転席が片側にしかなく、ワンマン運行もできないことから、二〇一二年からは急行運用から外れて、多客期の増結や団体列車に使われていた。二〇一九年までに三両が廃車となり、現在は両側運転席の8905号がワンマン化改造され、片運の一両とともに在籍してい

AN8800形

る。

このほか、二〇〇一年に宝くじ交付金によって作られた2001号があり、これは展望のよい「洋風イベント車両」として、貸切やイベントで使用されている。

会社では、団体客の利用増を目指して、二〇〇三年に、8808号を「お座敷車両」に改造、地元の団体や観光客の団体利用を中心に使われている。この8808号は、2018年に、多くの人たちからの寄付金によってリニューアルされ、お座敷車両「マタギ号」として、利用客を増やしている。さらに二〇一九年度には、8905号を、新しいイメージの観光車両にすることになった。

また、一般用の8800形の老朽化が進んだため、二〇一六年から順次リニューアル工事が施行され、車内に秋田犬の写真を貼り、ビデオモニターやWi-fiを装備した**「秋田犬っこ列車」**として運行している。この予算は国の補助を受けて秋田県が予算化した。このところの観光客の増加で、秋田県も秋田内陸線が重要な観光ツールであることを認めてくれたものと言える。

**秋田犬っこ列車出発式**

**駅のリニューアル**

秋田内陸線の駅は、ＪＲとの接続駅である鷹巣、角館を含めて、全部で二九駅。このうち、駅員のいる直轄駅は鷹巣、角館、そして本社のある阿仁合の三駅。業務委託駅が合川、米内沢、阿仁前田の三駅で、あとの二三駅は無人駅である。

鷹巣駅と角館駅は、ＪＲの駅とは別に、山小屋風の小柄な駅舎がある。合川駅と米内沢駅は、国鉄時代からの駅舎を手直しして使っている。

**阿仁前田駅**は、内陸線開業後、一九九五年に、それまでの小さな駅舎とうって変わった3階建ての大きな建物になった。「クウィンス森吉」という温泉施設で、「クウィンス」とは、この周辺で栽培されている果実、マルメロの英語名。最近、宿泊もできるようになった。ここは森吉山の北麓、森吉山ダムや太平湖、奥森吉高原への玄関口となっている。バス路線は途中までしかないものの、登山客や観光客のために乗合タクシーの路線が整備されている。

**阿仁合駅**は、秋田内陸線の本社と車両基地がある、運転上の拠点駅だ。かつて大きな鉱山があった町は、今は人口も減っているが、昔の

**阿仁前田駅**

面影を残す施設があちこちに残っている。全国から集まった鉱夫や商人たちのために、それぞれの宗派の寺が建ち、小さな町の中に大きな存在感を示している。

阿仁合は今、樹氷や高山植物で知られる森吉山（標高1，454m）と阿仁スキー場への玄関口として、海外からも多くの観光客が訪れるようになった。

阿仁合駅の駅舎は内陸線開業のときに建てられた大きな三角屋根の駅舎だが、待合室が狭くて、観光シーズンや団体客が来たときに入りきれない状態だった。そこで二〇一八年四月に、大規模な改修工事を行い、待合室やレストラン「こぐま亭」のスペースを広げ、さらに二〇一九年四月には、駅舎二階に、観光の拠点となる「森吉山ウエルカムステーション」が完成した。これによって阿仁合駅は、観光地の玄関駅として生まれ変わった。

阿仁合駅から森吉山阿仁スキー場までは、路線バスがない。そこで秋田県が中心となって2次アクセスの整備をすすめ、今は**予約制の乗合タクシー**が、阿仁合駅とスキー場を結んでいる。乗合タクシーはこのほかにも阿仁前田駅から太平湖、奥森吉方面などにも路線を設定し、内陸線の列車に接続している。

**阿仁合駅**

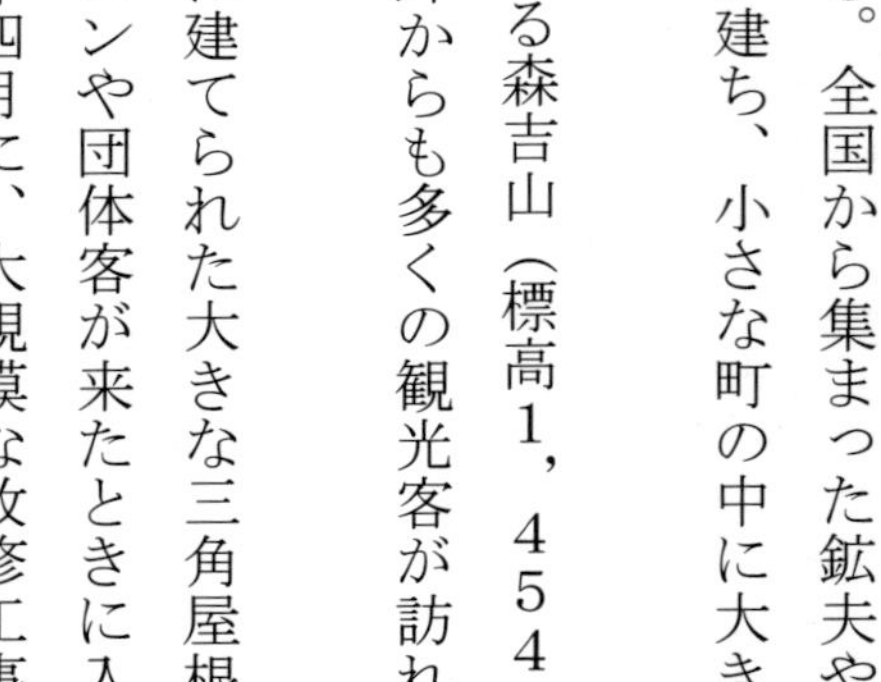

## 支援団体との連携

第三セクター鉄道やローカル私鉄は、どこも経営が厳しく、存廃論議が起こるケースも、そして実際に廃止されてしまうケースもある。だから、地域住民や鉄道ファンなどによる支援団体が会社を応援していることが多い。

秋田内陸線沿線には、**「秋田内陸線支援団体連合会」**という組織が作られている。これは9団体による、緩やかな組織で、年に数回、会社と行政、支援団体が集まっての「情報交換会」が開かれる。連合会は、前述の「秋田内陸線夢列車プロジェクト」の母体ともなった。

二〇一九年四月一九日は、秋田内陸線が全線開業して30周年の記念式典が開かれた。支援団体連合会では、式典に続いて記念講演会を企画し、鉄道に造詣が深い石破茂衆議院議員を迎えて、「ローカル鉄道と地域創生」というテーマでお話をいただくことができた。

鉄道ファンであり、地方創生担当大臣も務めた石破さんは、内陸線に乗車した感想を、「こんな面白い路線はない」と表現。そして、角館から松葉まで、台湾からの団体客と乗り合わせて驚き、「いかにもっと観光客を呼ぶかが課題」と話した。

また、バスとの比較では、「バスは、作られた道路の上を走るだけだが、なぜ鉄道はインフラも運転も鉄道会社が担わなければならないのか」という、現在の制度の問題点を指摘。「鉄道を廃止して栄えた町はない」、「高齢化社会を迎え、鉄道、公共交通の優位性を伸ばしておくことが必要」と、力強く語った。

## 会社、行政、支援団体のトライアングル

「第三セクター会社」は、これまで全国で数多く設立されているが、中には、経営体質を問題にされた会社も結構ある。

鉄道の場合は、国鉄の分割民営化に伴って、切り離されるローカル線の受け皿として、多くの第三セクター会社が設立された。地元自治体の首長が社長で、社員は、自治体からの出向、国鉄・ＪＲからの出向・転籍、それに自社の新規採用者、という組み合わせが多かった。そのため、という言い方は当事者に失礼かもしれないが、３０年前の役所と国鉄の体質をそのまま受け継ぎ、しかも、経営陣に鉄道経営手法の蓄積がない、という状況からの出発だった。

もちろん第三セクター鉄道だけでなく、以前から民営のローカル鉄道の中にも、経営体質が問題にされていた会社がある。西日本のあるローカル鉄道会社が経営危機に陥ったとき、利用者から、「鉄道は必要だが、あの会社は要らない」と酷評された逸話がある。（この会社、現在は体質改善に成功している。）

三セク鉄道は、開業当初は祝賀ムードで利用客も多かったが、その後は利用者数の

減少と経営赤字が続き、存続問題が浮上した鉄道も多かった。

この状況に、株主の県や地元自治体では、財政的な支援の枠組みを作る一方、それまで首長が兼任していた社長職を専任にしたり、民間から社長を公募したりするなど、それぞれの手法で経営体質の改善を図ってきた。


また、沿線住民による支援団体の活動も、活発化してきた。ボランティアでの清掃、美化活動をはじめとして、支援団体主催のイベントは多くの団体が行っている。

特筆されるのは兵庫県の北条鉄道で、地域住民の寄付とボランティア作業によって、3年がかりで無人駅も含めた全駅に車いすにも対応できる新しいトイレを設置した。この過程で鉄道への愛着が高まり、乗客の増加にもつながっている。

遠く離れた地で応援団が活動しているのは、秋田県の由利高原鉄道だ。鉄道ファンが中心になって、東京や大阪などでの鉄道イベントのときに販売員をしたり、写真展を開いたりするほか、由利高原鉄道の列車を貸切りにしてのイベントも定期的に実施している。

注目されるのは、この二社のケースは、鉄道会社からの提案がきっかけになったことだ。

ローカル鉄道は、地域に愛されてこそ、存在する意味がある。そして、地域の外からも愛が得られれば、存在価値はもっと大きくなる。二〇〇六年に千葉県の銚子電鉄が発信した「ぬれ煎餅買ってください。電車の修理代を稼がなくちゃいけないんです。」のＳＯＳに、全国の人々がすぐに応援に乗り出したことは、まだ記憶に新しい。

将来にわたってローカル鉄道を存続させて行くためには、鉄道会社、行政、支援団体の三者が、同じ方向を向き、適度な緊張関係を保ちながら歩んで行くことが求められる。秋田内陸線は、その一つの先進例として、これからも走り続けてほしいと思う。

# 第3章「木と森の文化」

編集部

ブナの木

## 1 日本文化の特徴

日本は極東の島国であり、平地は少なく山が多い。気候的には温帯モンスーン地帯に属し、四季がはっきりしており、様々な植物の生育に適している。森林は、国土の七〇%にも及んでいる。

そうした中で人々は、古くから森の生活をし、「木と森の文化」を築いてきた。人類が定着生活を始めた縄文時代から木造の竪穴式住居に住み、森や川で狩猟や魚釣りをし、木の実、山菜を集める生活が始まった。山ブドウの茎を使った繊維製品やそれに漆（うるし）を塗った服飾品、草木の染色剤で色づけられた衣服や装飾品を使っていた。

時代が下って、江戸時代でもエネルギー源は薪や木炭であったし、建材、家具、木工品等すべて森から得られた材料であった。

西洋文明がどちらかというと「石の文化」を中心としているのに対して、日本文化は「木と森の文化」であったと言ってよいだろう。

しかし、最近はプラスチックスや金属、コンクリート等、便利で効率の良い建材・家具等が浸透し、「木と森の文化」が脅かされる傾向にある。

地方の過疎化と人口の高齢化などの影響もあり、下刈り・間伐等の森の手入れも不十分で、森が荒れているという現実もある。

とはいえ、日本文化の特徴が「木と森の文化」であることに変わりなく、その面影は、今でも残り続いている。

本書で取り上げている秋田内陸線沿線は、この「木と森の文化」を今でも色濃く残しており、その源流ともなっている地域である。今回この沿線を見直し、活性化を図るにあたって、この「木と森の文化」に再び光を当て、それを背景として「エコミュージアム構想」の問題提起をしたい。

## 2　内陸線沿線の四季折々の風景

秋田内陸線沿線は、山に囲まれ、深い森が拡がっている。針葉樹として松、杉、檜など、広葉樹としてブナ、栗、桂などの巨木が聳え、足元にはカタクリ、ニッコウキスゲはどの草花が四季折々の独特の風景をかもし出している。第6章でみる豊富な山菜も重要な風景である。

**春**の始まりは、西明寺で可憐なカタクリが満開となり、豊富な山菜の幕開けとなる。もちろん桜も見所のひとつである。

**夏**にはニッコウキスゲが咲き誇り、

**秋**には広葉樹が一斉に赤や黄に色づき、全山紅葉の風景を作り出してくれる。田んぼは、稲

四季折々の里山

春：カタクリ

秋：紅葉

冬：雪

（出所）秋田内陸線鉄道 HP より

の穂で黄色に染まるが、これを利用して「田んぼアート」の展開もある。

**冬**は雪景色となるが、これも趣がある。二月には、樹氷のイベントも行われる。

## 3　内陸線沿線の森と木

秋田は「木と森の国」と言ってよいが、木としては針葉樹の「秋田杉」と広葉樹の「西明寺栗」がそのシンボル的なものである。

**秋田杉**

北秋田市から能代市にかけては、秋田杉の原生林が保存されている。農林省のホームページ「国産林紹介情報」によると木曽のヒノキ、青森のヒバと並んで日本の三大美林として、秋田杉が紹介されている。秋田県米代川、雄物川流域を中心として、天然杉の群落があり、国の保存林に指定されている。

中でも能代市の仁鮒水沢スギ植物群保護林は、広さ１８ha、平均樹齢二五〇年、約三〇〇〇本の天然杉があり、直径１m、

**秋田杉原生林**

（出所）あきた森づくりサポートセンターHP

高さ５０ｍ前後の巨木林がある（二ツ井町観光協会）。

秋田杉は寒冷地の厳しい環境に育ったため、木目が細かく、赤味が強い。構造的に強く、腐りにくいので神社、仏像の材料として広く使われ、「曲げわっぱ」「秋田杉桶」や工芸品にも使われている。

杉は成長性が高く用途が広いので、戦後人工林として全国に植樹され、今では、杉花粉症の原因として評判が悪いが天然杉はそれとは全く違う美しさと材質を持っている。

また、杉は太くて、高く、天に向かってまっすぐ伸びるので、古くから「神が宿る木」として崇められてきた。多くの神社には、杉が植えられ、深い雰囲気をかもし出し、榊や酒の供え物として信仰の品として利用されてきた。

杉は家の構造材として使われるだけでなく、家具、彫刻、工芸、樽、槽、船、下駄など日本人の日常生活の中で、幅広く使われている。

特に秋田杉の樽は、国指定の伝統工芸品に指定されている。見た目の美しさだけでなく、加工のしやすさ、酒保存の香りの良さなどから地域特産品として重宝された。

戦後四〇年以降は、合成樹脂の技術が広まったこともあり、需要は減少したが、今でも手作り工芸品として高い評価を得ている。

## 栗（くり）

同じ資料によると、国産林の栗はブナ科クリ属の落葉広葉樹であり、木目がはっきり表われる美しい木である。

栗の実は縄文時代から食糧品として利用されてきたし、木は耐久性が高く、腐敗にも強いので、住宅の構造材として、広く利用されてきた。

青森の三内丸山縄文遺跡では、今から七〇〇〇年も前に竪穴式住居や六本柱などに、栗の木が使われていた。土器の跡からは、大量の栗の実の残さが発見され、女性が使っていたとみられる「縄文のポシェット」の中からも栗の実の殻が発見された。既にこの時期に栗の木を栽培していたことも考えられている。

栗を煎じた液にはタンニンが含まれているので、かぶれや湿疹などの皮膚の炎症にもきき、咳止めにも効くとされる。

栗は、六月頃には花をつけ、秋になる果実は、秋の味覚として今でも人気がある。

秋田内陸線の西明寺栗は、実が日本一の大きさであることを訴求している。

その起こりは、秋田藩佐竹公が丹波から種子を取り寄せて、栽培を始めたと伝えら

**西明寺の栗の木**

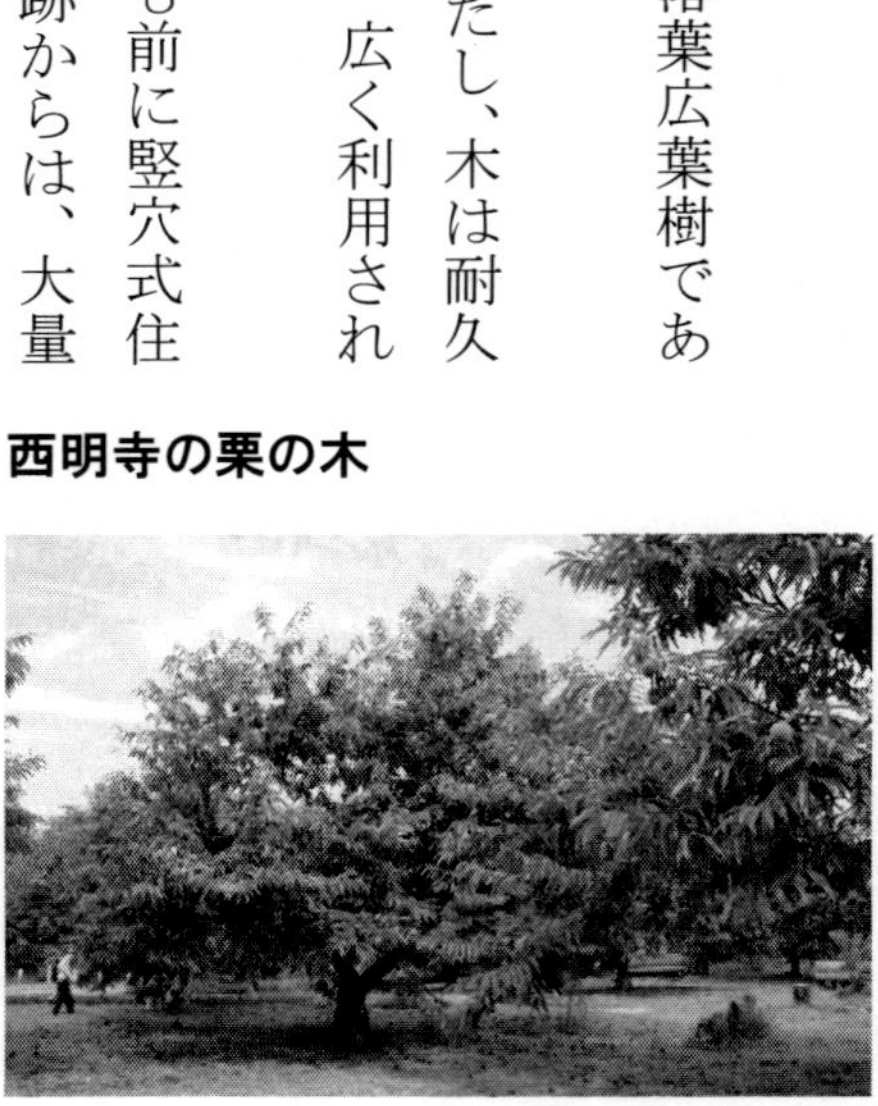

（出所）あきた森づくりサポートセンターHP

れる。ただ栗には害虫がつき、大きな打撃を受けたこともある。戦後はそれを品種改良した西明寺栗が今のものとなっている。

この栗にはビタミンB1、ビタミンC、食物繊維等栄養価が高い成分が多く含まれており、美味なので、様々な菓子に使われ、角館の名物ともなっている。

栗の薄皮は渋いので、これまではあまり利用されていなかったが、タンニンなど栄養分が豊かなので、それを「しぶ煮」として加工したり、酒に入れたりする工夫も行われている。

栗をブランドとした民宿や栗拾い体験菜園として、利用され大きな地域資源となっている。

## 4 ウッド(チェーンソー)アート

木と森の文化を育成していくにあたって、秋田で実施されている興味深い取組みの一つに「チェーンソーアート競技大会」がある。

これはチェーンソーを使って、丸太から彫刻を行うもので、二日間で彫刻を行い、終了後は表彰式が行われ、そのあとそれをオークションにかけられる。二〇一八年七月六日、七日にちには北秋田市北欧の森で、第十四回東北チェーンソー競技大会が開催された。そこには一五組の競技参加者があり、見学者も多く、盛況であった。

また、出来上がった作品は、駅前道路沿い、道の駅などに展示され、今ではまちの名物となっている。この企画は、本書で提言している「エコミュージアム」の精神とも一致するので、今後の発展が期待される。

道の駅に並べられているウッドアート作品

（コラム）

## 大自然の中で寛ぐ秋田内陸線

荒野綾子

一度乗ったら忘れられない、地域住民の温かい「おもてなし」のユニークな列車「ごっつお玉手箱列車」。驚きと感動を乗せ、始発駅・角館を発車。

沿線の数カ所のホームから地元の主婦数人がお盆に食材と汁物のポットを持ち、車内のテーブルに笑顔で説明をしながら置いていく。今朝摘み取った野菜の天ぷら、汁物、和え物等。次の駅では、焼き物、炒め物など。次の駅は煮物、漬物、デザートのような甘味まで彩り良く並べ、客の興味をそそっていく。

車窓の景色とお弁当に魅せられ、私達は談笑し、癒され寛ぎながら沿線の旅を楽しんだ。この列車は、農閑期に主婦たちが料理に参加し、盛り上げるために企画されたものである。

### 四季折々の草花

春は、誰でも気力、活力、行動力に目覚め、大自然の中へと吸い込まれて行くように出掛けたくなる。

静かなブームとなっているのが、山菜採り（秋田県花はフキノトウ）。何処へ行くにも準備は必要。雨具、帽子、カメラ、携帯電話、ビニール手袋と袋、ナイフ、ハサミ、虫メガネ等が有れば更に楽しめる。

山菜を食用として利用するには、毒のものも有るので要注意。

美しいお花は私達を明るく楽しく癒してくれる。雪解け後に一斉に咲き誇る可憐な花といえば、薄紫色の「カタクリの花」。東京の小さな花屋では見かけない、希少価値の花である。八津下車、徒歩五分以内に「かたくり群生の郷」がある。東京ドーム四・二個分の広さに群生する。開花は四月中旬から五月上旬。園内は栗の木が沢山植わっている。木の剪定や伐採などの管理が良いため、カタクリが育つ。種子は蟻によって運ばれ増えていった。花言葉は「初恋」。この花は下向きに咲き、少々恥ずかしそうに俯く姿からイメージされた。満開時は紫色の絨毯のよう。国内一の広さと言われているので一見の価値有り。

花といえば、万葉集・百人一首でお馴染みの桜。東北の小京都と言われている「角館」の「垂れ桜」と「ソメイヨシノ」が有名。武家屋敷の垂れ桜は、淡紅色、単弁、お屋敷の庭もお見事だが黒板塀の外まで咲き乱れる。最初は京都から佐竹家へ嫁いだ嫁入り道具と一緒に三本入っていたのが現在四〇〇本にもなっている。自生しないので挿し木や接木で増やしたという。見事に咲き誇り観光客を魅了し続けている。桧木内川(ひのきないがわ)提のソメイヨシノの桜並木は約二ｋｍ。日本桜の名所百選に名を連ねている。夜のライトアップも美しく、楽しみ方色々。

近年苔(こけ)が人気。国内では一七〇〇種類自生。都会でも、石、木、土、そして日向日陰にかかわらず、水分が有れば種類に依っては何処でも自生する。特に室内用としてガラス器に入れ成長を楽しむ人が多い。

花の咲く苔もあり、花言葉は「母の愛」。実は花ではなく花に見えるのは繁殖のための胞子を作る器官で「胞子体」と呼ばれ、そこから胞子が出る。苔のお花見と言われている季節は、春から初夏にかけて、薄く白い煙のように風に棚引き子孫を残す。遭遇したらシャッターチャンス。

食べられる苔もある。実際食べた人もいたが美味だったかは定かではない。最近の研究では、苔の油が細胞に含まれ、香気が唐辛子の一〇〇倍以上、センブリの五〇〇倍の苦みが有るとか。水溶性物質は砂糖の一〇〇倍位甘いものもあると知り、驚愕した。現存する、目に見える植物の中で最も単純に見えるが、実は科学多様性に富んでいるものは他にないと言われている。更なるこれからの研究が楽しみ。

さて、真夏の沿線巡りは如何でしょう。阿仁合(あにあい)下車し、車で森吉山阿仁スキー場のゴンドラ乗り場まで行く。昼頃ならそこのレストランでランチも良し。頂上付近にはレストランはないのでベンチで持参のおにぎりを食べるも可。頂上付近は「お花畑」があり、大、小色取り取りの美しい花が咲き、蝶が舞うように花の蜜を求めてやってくる。充分観賞した後の帰路はゴンドラに乗っても良し。健脚な人はトレッキングでゴンドラ乗降所へ戻り、タクシーで駅へと戻っても可。沿線の近くには「あゆっこ温泉」等、駅員さんに聞いてみるのも良い。温泉で汗を流し、当地の旬の食事を味わえば日頃の疲れが飛んでいく。

次の日は、足を伸ばし小ヶ田駅下車。徒歩二十分かかるが、私たちのおすすめは「伊勢堂岱縄文館・伊勢堂岱遺跡」。約四〇〇〇年前の「笑う岩偶」は必見。他にも県内各地に土偶等が陳列されており感動した。その後、遺跡を歩いて見学すると、縄文人の文化、知恵、手の器用さ、創造性、芸術性、工夫、勇敢さ等、総合的に優秀な人達だったことがわかる。

秋は車窓からの景色は彩り豊かな紅葉を楽しめ、栗拾いが出来る。上質の栗をお土産に。味と口当たりが良いので、ご家族は喜んで味を楽しめる。また、秋はキノコの季節である・この地域のキノコの種類も豊富である。キノコ採りもお勧めだが、茸には毒のあるものも多いので、キノコを熟知している人、土地の人と一緒に行くことをお薦めする。稀に熊に遭遇することもあるので、念のため注意したい。安心なのは、民泊に泊まり、土地の方に助言や諸注意など、正しく理解することが重要。

冬は色彩豊かな景色から白一色のモノトーンに変化。阿仁合（あにあい）下車。森吉山阿仁スキー場、一四五四ｍの頂上からゴンドラ駅まで白銀の世界を一気に滑り降りる姿は快適で想像するだけでもスカッとする。

四季の秋田内陸線の名所を記したが、他にも多々在る。日本一の透明さが神秘的、超有名な田沢湖は松葉駅からタクシーで三〇分。阿仁伝承館、異人館は明治十二年、ドイツ人の鉱山技師が住んでいた西洋建築で、鹿鳴館より前に建築。当時としてのカルチャーショックは計り知れない。

ギネスブック認定「世界一の大太鼓」が展示されているのが鷹巣駅から乗り合いタクシー、バス、共に十分。大太鼓は直径三・八ｍ、胴回り四・五二ｍ、重量三・五ｔ。他に世界四十ヵ国の太鼓の展示。

マタギ資料館は、国指定重要有形民俗文化指定。阿仁は秋田県の中央、山深い地域のため狩猟生活。熊の皮。内臓は薬品として生計を立ててきた。危険な仕事のため、厳しい掟。神々と自然の法則。綿密な計画を立て、生活してきた。その道具、衣類、生活用品が展示されている。秋田犬はロシアとの友好親善大使の様に活躍しているが、先祖はマタギ犬。中犬ハチ公としても有名。一九三一年、国指定天然記念物に登録。忠誠心厚く従順、知能優秀な犬。

九月、車窓から田んぼアートが見られる。角館から小ヶ田迄六カ所ある。老若男女と幼児まで楽しめる。チェーンソーのウッドアートは一本の丸太から人間や動物が生きて動き出しそうだ。道の駅の前に並べてある。

有名食材はいぶりがっこ、米と日本酒、キリタンポと比内地鶏、稲庭うどん等々。工芸品では桜皮細工、山ぶどうの皮細工等。地元の人達の笑顔、温和で親切、何といっても秋田美人は日本一。お米とお酒の影響か。

**「木と森の王国」**

最後になったが、秋田が「木と森の王国」ともいえる内容を持っていることの一端を紹介しておく。代表する大木と言えば、杉、檜、松などが挙げられ、どの樹も私達の生活に役立っている。

この沿線には有名な「天然秋田杉」（樹齢二〇〇年〜二五〇年）があり、県北部一帯の天然林には樹齢一五〇年〜二〇〇年の木々が林立している。

日本の太平洋側の杉を表杉、日本海側を裏杉と類別されている。因みに杉は世界中で日本だけに自生していると言われており、不思議なことに日本中どこにでもある。

杉は緻密な年輪、独特な香り、柔軟な材質が特徴だ。そのため、小さな工芸品の一つ「わっぱ弁当箱」に使われている。この弁当箱は、杉の年輪を生かし、薄く割り、さらに熱を加え柔軟に曲げることができるため最適である。また、桶、彫刻、樽、船、家屋の材木等、多方面にも利用されている。

また、杉の木で作られた樽は、年輪と年輪の間の細胞が適度に粗く、麹や糠などに最適な環境となるため日本酒の樽、次に醤油、最後に味噌樽として使われた。

松の木は通常、二針葉だが、五針葉の「五葉松」もある。因みに、三針葉はあまり見かけないが「リギダマツ」と呼ばれており、高野山、東京では渋谷の公園にある。

ここでは「三鈷の松(さんこのまつ)」と呼ばれる三針葉があり、弘法大師空海が帰国の際、三鈷をお投げになり、それが高野山の松の枝にかかったのが三針葉だったとされるため、福が三つあると伝えられている。そのため、三本を裂かず持っていると必ず良いことが起こる、縁起の良い松が東京にも植えられている。

日本では松は神霊が宿ると言われ、門松に使われている。また、能舞台の正面の背景には松が必ず描かれている。舞台の左手の廊下にも小さな松が植えられてある。さらにその左手には、人が開閉する幕があり、その先が天国と言われている。廊下は天国とこの世の架け橋で、舞台はこの世だ。天国とこの世の仲立ちをするのが背景に描かれている大きな松である。

その他にも、三保の松原に天女が羽衣を掛けて舞い降りたのも松の木である。

自然の豊かさを実感できる秋田内陸線沿線は、四季折々の景色を楽しませてくれることだろう。

＊＊＊＊＊＊＊＊＊＊＊＊＊＊＊＊＊＊＊＊＊＊＊＊＊＊＊＊＊＊＊＊＊＊＊＊＊＊＊＊＊＊＊

## 森づくり運動　（インタビュー）

（ブナ林）

**菅原徳蔵さん**

あきた森づくり活動

サポートセンター所長

**本書では、日本文化の源流を「木と森の文化」としていますが、そう呼んでいいでしょうか。**

まさにその通りだと思います。氷河期の後、対馬海流が流れ込んでくる本海に、中国大陸から非常に乾いた大気が西から東に流れ込んで日本海を渡る間に水分を含みます。これが雪雲をつくり、後背の山脈にぶつかり日本海側に多くの雪を降らせることになります。この結果、温帯落葉広葉樹のブナやナラが茂る森がいち早く成立し、生き物が多様化しました。川も豊かになり、鮭がのぼってくるようになります。人類はそのような環境の中で、定住生活を始めることになりました。これが縄文文化の始まりで、その遺跡は北東北・北海道に集中的にみられるのです。

＊＊＊＊＊＊＊＊＊＊＊＊＊＊＊＊＊＊＊＊＊＊＊＊＊＊＊＊＊＊＊＊＊＊＊＊＊＊＊＊＊＊＊

＊＊＊＊＊＊＊＊＊＊＊＊＊＊＊＊＊＊＊＊＊＊＊＊＊＊＊＊＊＊＊＊＊＊＊＊＊＊＊＊＊＊

人々の生活は、まさに木と森があって成り立った訳ですし、生活スタイルも木造の竪穴式住居、服飾も木のなめし、狩猟、山菜の採集などすべて木と森のおかげなのです。このことを全体的に認識すれば、これを世界遺産の登録に値すると思っています。

**現在は、この森が破壊され、林業も成り立ちにくくなっているため、長期的な持続可能性が問題になっていますね。**

貿易が自由化され、世界の効率の良い木材がどっと押し寄せ、コンクリートやプラスティックスなどの材料革命があったため、日本の林業がすたれ、森が荒廃するという現象が起こっています。大切な森を維持するにはどうしても財政的支援が必要ですし、技術革新やマーケット開発により、森の産業を意図的につくり出していく必要があるのです。

**この森づくりサポートセンターは十年も前から総合的な整備が行われており、教育面・研究面でも大きな成果をあげていると思いますが…。**

確かに林業大学校、子供の森学習プログラム、県民参加の森づくりを推進する支援する森林ボランティア活動の支援サポートなど様々な活動を実施しています。

しかし、研究面では色々な機能に専門化しすぎ、森の全体をデザインしようとの動きは、まだ十分ではありません。

森の産業という点でも、技術開発、商品開発、需要開発等に大きな課題があり、これを

＊＊＊＊＊＊＊＊＊＊＊＊＊＊＊＊＊＊＊＊＊＊＊＊＊＊＊＊＊＊＊＊＊＊＊＊＊＊＊＊＊＊

＊＊＊＊＊＊＊＊＊＊＊＊＊＊＊＊＊＊＊＊＊＊＊＊＊＊＊＊＊＊＊＊＊＊＊＊＊＊＊＊＊

事業として成立させようとする事業の担い手の問題もあります。

**当面どのようなことから流力すれば良いとお考えですか。**

まずは木と森の文化が、我々の文化の深流であり、この保全と育成を持続可能なものとするための人々の意識を高める必要があり、そのための情報発信が重要だと思っております。

それから北東北・南北海道の縄文遺跡の世界遺産登録などをきっかけに、森づくりの国際的な取り組みを強化することが必要だと思います。

そして内陸線沿線をエコミュージアムとして、活用するなどのアイディアは、長期的、全体的な取り組みをお願いしたいと思います。

**――どうもありがとうございました。**

＊＊＊＊＊＊＊＊＊＊＊＊＊＊＊＊＊＊＊＊＊＊＊＊＊＊＊＊＊＊＊＊＊＊＊＊＊＊＊＊＊

**あきた森づくり活動サポートセンターのある**

**ホテルクリプトン**

＊＊＊＊＊＊＊＊＊＊＊＊＊＊＊＊＊＊＊＊＊＊＊＊＊＊＊＊＊＊＊＊＊＊＊＊＊＊＊＊＊＊＊＊＊＊＊＊＊

# 地域の木や森に想いをこめて〈インタビュー〉

**佐藤岳利さん**

（株）ワイスワイス

代表取締役

**社長が木や森に深い想いをよせるようになったのは、どうしてですか**

私は群馬県出身ですが、父親が山を表わす「岳」と川を代表する利根川の「利」と言う名前をつけてくれました。自然が好きで、若い時世界のあちこちを巡りましたが、木と森が大変なことになっていることに気づきました。

そもそも木や森は、人類そのものの存在基盤であり、人は森から生活の糧を得て、今でも森から生まれる酸素を一日に二〇kgも消費し、二酸化炭素を森に返しています。

その恵みを収奪する形で、文明が発達してきたのです。木材を伐採しすぎて、地球の砂漠化が進んでおり、地球の環境破壊が進んでいるのです。

＊＊＊＊＊＊＊＊＊＊＊＊＊＊＊＊＊＊＊＊＊＊＊＊＊＊＊＊＊＊＊＊＊＊＊＊＊＊＊＊＊＊＊＊＊＊＊＊＊

＊＊＊＊＊＊＊＊＊＊＊＊＊＊＊＊＊＊＊＊＊＊＊＊＊＊＊＊＊＊＊＊＊＊＊＊＊＊＊＊＊

**日本は豊かな森に囲まれ、「木と森の文化」とも言える土壌を持っていると思いますが、その産業が成り立っていないのは、何故ですか**

それは日本の政府・自治体・それに消費者が充分に「賢くない」からです。

文明の発達で、経済効率や経済競争が重視されるようになったため、とにかく「安くて」「便利な」ものが良いとされ、それがいかに自然と地域産業を破壊しているかを考えなくなっているのです。

林業についてみると、効率が悪くて高価になる建材や家具ではなく、発展途上国の熱帯林にある木材を大量に伐採し、低賃金を利用した木材を大量に輸入する政策をとりました。その結果日本の林業は、成り立たなくなり、森も荒れ果てるようになりました。

**そのことについての反省は、みられるのですか**

そのことについては、ヨーロッパを中心に大きな反省がみられるようになり、世界的な環境運動が高まってきています。

熱帯林伐採の規制も強まっていますが、日本はまだそれに対応できていません。下手をすると世界の鼻つまみ者になりかねません。

**貴社は、それに立ち向かい、循環型の木と森を守る活動をされていますが、それはビジネスとして成り立ちますか**

そもそもビジネスは、自社の短期的利益だけでなく、長期的に社会や自然と調和するものでなければならないと思っています。

私共は内装や家具の製造・販売の仕事をしていますが、木と森を守り、育てることを企

＊＊＊＊＊＊＊＊＊＊＊＊＊＊＊＊＊＊＊＊＊＊＊＊＊＊＊＊＊＊＊＊＊＊＊＊＊＊＊＊＊

＊＊＊＊＊＊＊＊＊＊＊＊＊＊＊＊＊＊＊＊＊＊＊＊＊＊＊＊＊＊＊＊＊＊＊＊＊＊＊＊

業理念としています。

そのためまずは、産地が明らかで合法的に伐採されたものであること、国産材の使用を1％以上とすることを宣言しています。

そして木材のトレーサビリティを明確にし、誰がどのようにして作ったものかを消費者に明示するよう心がけています。

また、地域にある木材関連産業の方とネットワークを組み、できるだけ「地産地消」のプロジェクトを推進しています。

**私達は今、秋田内陸線をモデルに沿線のエコミュージアム構想を提唱していますが、例えば駅舎を地元の木材で作り、そこをコアとするとのアイディアもありますが、いかがお考えですか**

大賛成です。積極的な自治体では、公共施設を地域の材を使って、建造すると考えているところも増えてきました。

私は地域の林家、切り倒し作業者、製材所とネットワークを作り、木材を使った専門デ

＊＊＊＊＊＊＊＊＊＊＊＊＊＊＊＊＊＊＊＊＊＊＊＊＊＊＊＊＊＊＊＊＊＊＊＊＊＊＊＊

＊＊＊＊＊＊＊＊＊＊＊＊＊＊＊＊＊＊＊＊＊＊＊＊＊＊＊＊＊＊＊＊＊＊＊＊＊＊＊＊＊＊

ザイナーと連携したプロジェクトを提案しています。

それらの具体的プロジェクトを通して、循環型のシステムが拡大していくことによって、はじめて「木と森の文化」が守られ、地域の再生が図れると考えます。

**どうもありがとうございました**

WISEWISEの家具

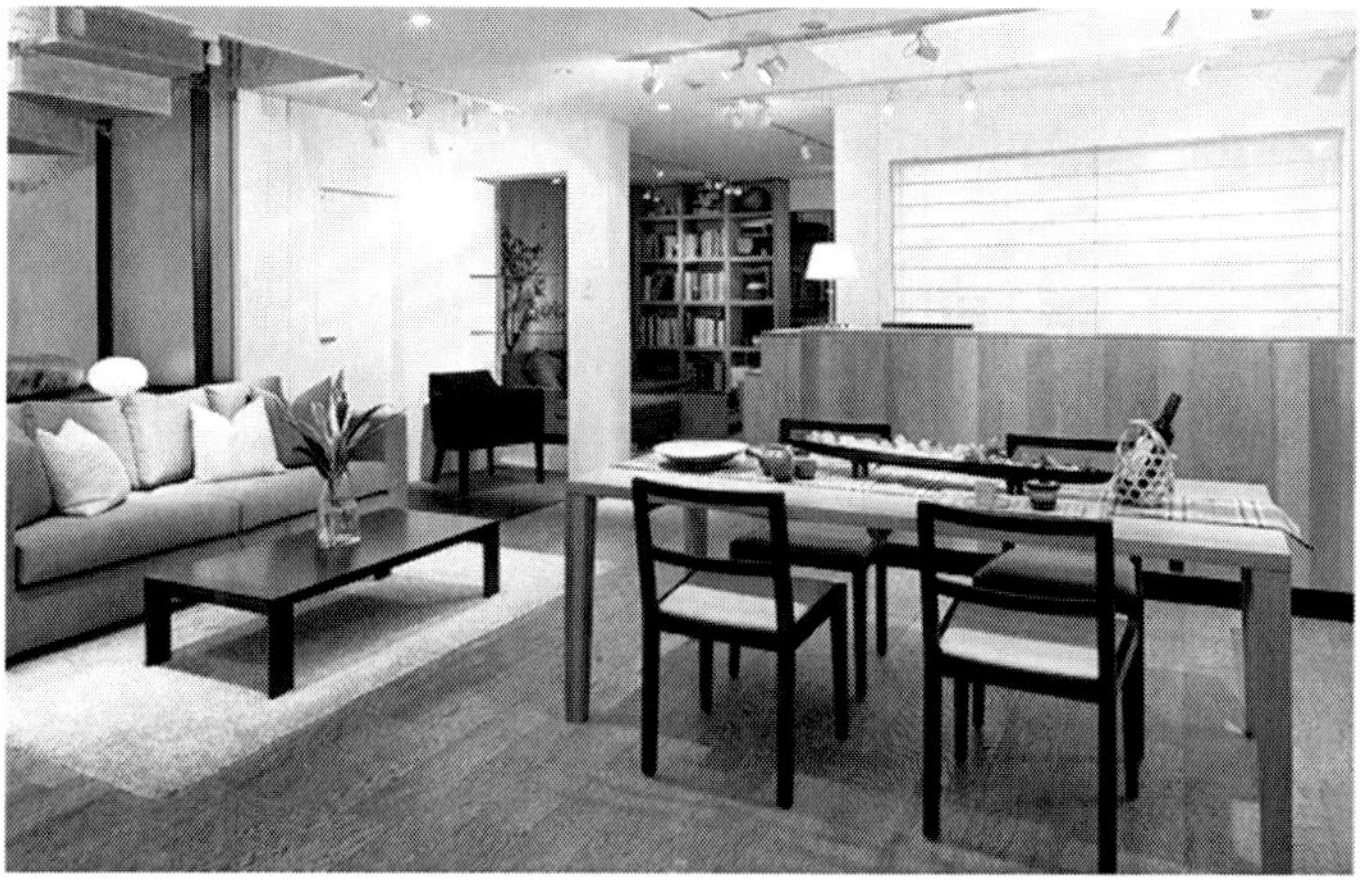

＊＊＊＊＊＊＊＊＊＊＊＊＊＊＊＊＊＊＊＊＊＊＊＊＊＊＊＊＊＊＊＊＊＊＊＊＊＊＊＊＊＊

* * * * * * * * * * * * * * * * * * * * * * * * * * * * * * * * * * * * * * * * * * * * * *

* * * * * * * * * * * * * * * * * * * * * * * * * * * * * * * * * * * * * * * * * * * * * *

# 第４章　秋田内陸線沿線の魅力

濱田　純

秋田県の内陸中央部を走る秋田内陸線９４．２㎞の沿線には、豊かな自然と四つの文化圏が混在している。仙北市角館から北秋田市鷹巣方面にかけて、武家文化、マタギ文化、鉱山文化、縄文文化と続き、秋田内陸線は四千年前の縄文後期から現代に至る時空をつなぐ路線である。

自然豊かな森と水を背景に、里山の中をゆったりと走る秋田内陸線は**「里山エコミュージアムライン」**ともいう。

それでは、四千年の時空を旅してみることにしよう。

## 1　小京都「角館」の武家文化

東京から新幹線「こまち」で約2時間で盛岡に着き、そこから「こまち」のスピードは特急並にダウンする。またところにより待ち合わせの臨時停車がある。

**武家屋敷通り１**

これは、秋田新幹線「こまち」は在来線の高速化改良による在来線の一部路線としての位置付けによる。国道46号線と併走する区間では、軽トラに追い抜かれるという場面や、至近距離で併走している区間では乗用車から笑顔で手を振られることもある。盛岡からゆったりと一時間ほど景色を堪能すると仙北市角館駅に到着する。

## 角館はなぜ美人が多い

秋田美人の認知度は全国的にも高いが、ここ角館は特にそういう印象が強い。ただ気をつけなければならないのは、ほとんどが観光客だから勘違いしないことである。手っ取り早いのは朝の通学時間帯に、地元の中学生や高校生を観察するとよい。そうすると納得である。では、なぜ美人が多いのかには色々諸説がある。全国で一番日照時間が少ないから…、ロシアとの交流があったから…とか。中でも面白いのが関ヶ原の戦いに敗れ、水戸から秋田に入部した佐竹氏が美人をたくさん連れてきたからという説である。佐竹義宣の実弟にあたる蘆名義勝が角館に入ったが三代で断絶し、その後に一六五六年（明暦2年）に佐竹氏の分家である佐竹北家の佐竹義隣が角館に入った。義隣は京都の公家・高倉家からの養子であるし、また、二代佐竹義明も公家・西郊実号の娘を正室に迎えた事からも角館には多くの京文化が移入されたことが頷ける。

武家屋敷通り2

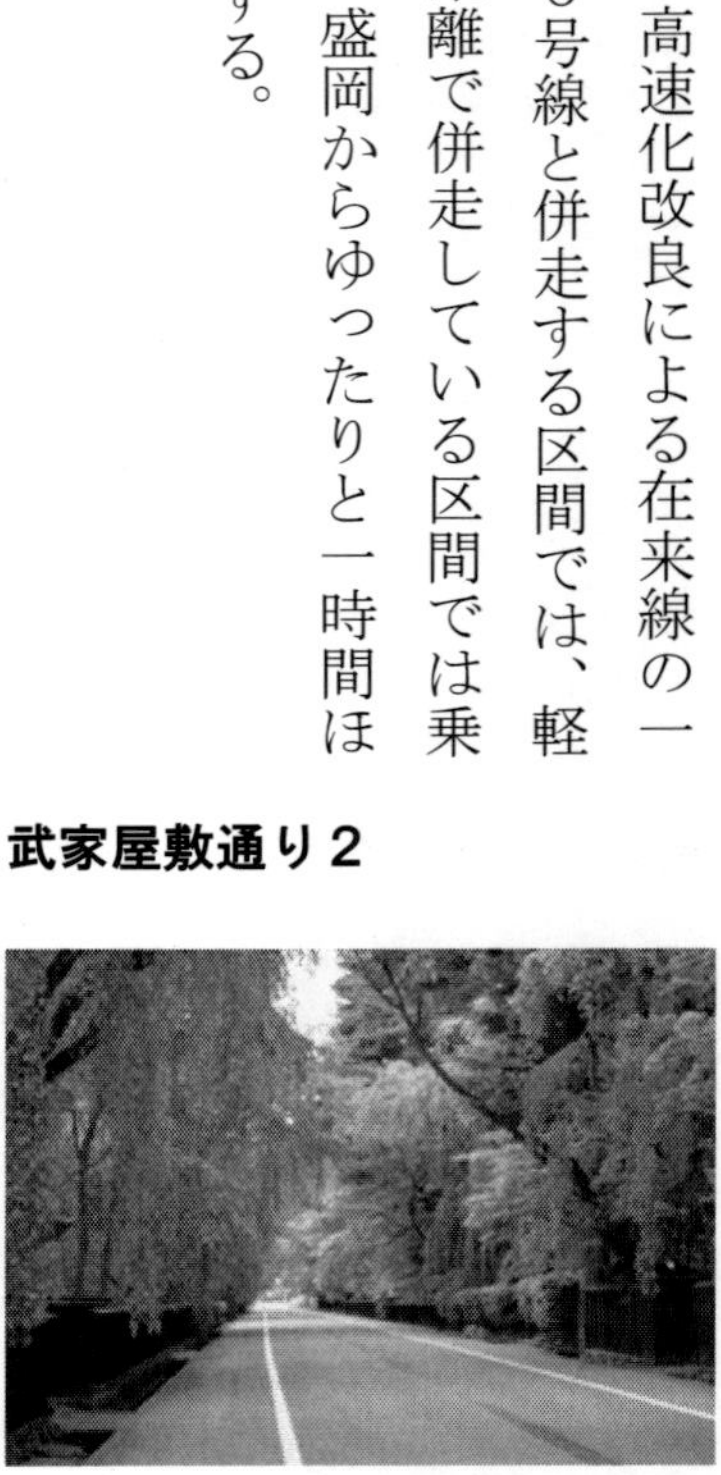

そのほかにもっと詳しく知りたい方には『秋田美人の謎』の著者である元秋田大学長である新野直吉氏の著書『秋田美人の謎』（中央公論社）をお勧めする。

## えっ、西郷隆盛の写真？

まずは武家屋敷へと足を運ぶ。この地は武家町（内町）と町人町（外町）の区分が今でもはっきりと分かり、特に武家町はほとんど当時の原形を保っている。だから武家町そのものが歴史のミュージアムである。春になると約四〇〇本のしだれ桜と武家屋敷通りのコラボが見事である。武家屋敷の一つに入ってみた。現存しないとされる西郷隆盛の写真があるではないか。しかも明治天皇や伊藤博文、大久保利通、勝海舟など歴史的有名人四六人が勢揃いした集合写真も一緒にある。この集合写真はフルベツキ群像写真と言われるものだそうだが、真贋は不明とのこと。

## 「解体新書」人体解剖図を描いた人物

「解体新書」の人体解剖図を描いた画家は小田野直武だが、ここ角館の武士であったことも驚きであった。「解体新書」は杉田玄白、前野良沢らによって翻訳された全五冊の西洋医学書である。一七七四年(安永三年)、江戸で発刊されすぐさまベストセラーになったことはよく知られているが、人体解剖図を描いた画家**小田野直武**が角館の武士だったとは…。また小田野直武は秋田欄画の祖でもあった。感動がさめやらぬまま小田野直武が伝えたといわれるコーヒー（南蛮茶）』の香りをゆっくりと味わっていると、残り六つの武家屋敷全部を巡りたい衝動に駆られたが、再度訪れることを決意し角館駅に戻った。

**武家屋敷周辺マップ**（角館ロータリークラブの案内板から）

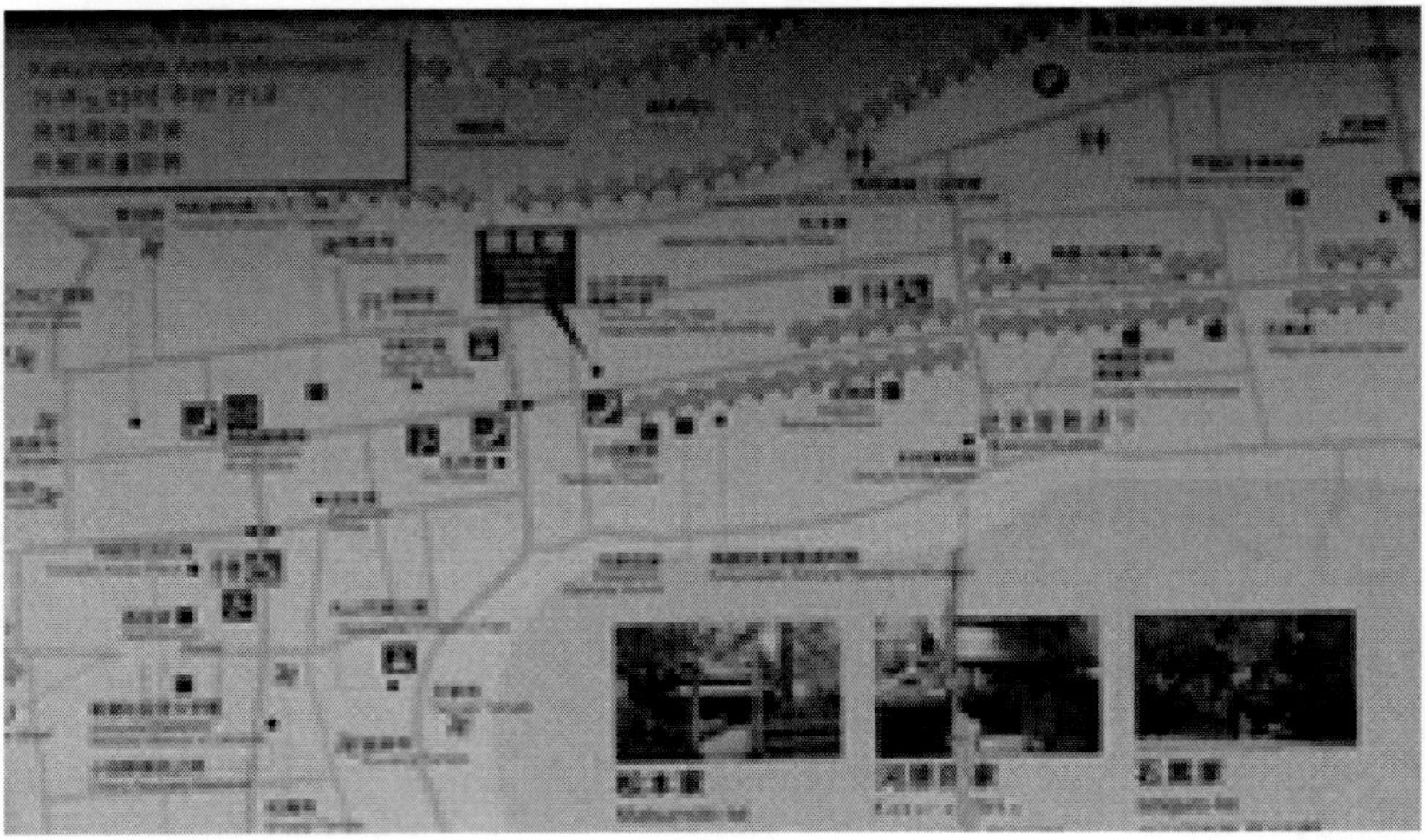

## 2 マタギ発祥の地へ

いよいよ秋田内陸線に乗車である。車両はなんとも飾らないシンプルさがいい。まばらに乗車しているのは地元の人だろうか、秋田内陸線は田圃の中を走る。まるで黄金の絨毯の上を進んでいるようだ。全祭長９４．２kmに２９駅があるが、そのうちのわずか」３駅が有人駅（有人駅３駅・委託駅3.駅・無人駅２３駅）で、各駅間距離は３km未満が半分を占める。このことからも生活路線であることが分かる。一番長い区間は戸沢駅と阿仁マタギ駅区間の８．９km。この区間には秋田県内最長トンネル全長５６９７ｍがある。トンネルの名前は十二段峠の下をくりぬいたから「**十二段トンネル**」というそうで、十二段峠その由来がまた面白い。

### 「十二段峠」の由来は源平戦いの談

阿仁町史を紐解いてみると次のような記述がある。

「昔、村々で一度の宿を求め祭文を語るり業とした者）の旅芸人がいた。祭文語りという。ある年老いた祭文語りが日打当から仙北郡の戸沢部落へ行くことになったが、頼りに袖の子沢に入ったとき、同じ村里より来た若者が追いついてきた。若物が『夕べ祭文語り聞かせてくれた祭文さんではないか、これから仙北へ行かれるなら、私も戸沢行くからへ一緒に行くべい』と声をかけると、老人は『私はもう年だからとてもそなたにはついていけない、私にかまわず行って下さい』と答えた。だが若者は気の毒に思い『私が背負って行こう』と、老人を軽々と背負い、袖の子沢から峠をめざし、けもの道を踏み分け登り出した。背中の老人は申し訳なさそうに『私は駄賃も払えない。そなたの背中で祭文を語りましょう『というと若者は『それはぜひ聞かせてくれ』と喜んだ。それではと老人は手に持った貝を吹き、朗々と語り始めた。

一席は源氏平家の戦いの話であった。宇治川の合戦より始まり、平家は西へ西へと逃れたるも壇ノ浦の戦いに敗れ、ついに西海の果てに消えたる談を語った。若者は額に汗しながらもこの物語に険しき道もなんのその、あたかも左右衛門語りの物語のように戦場に居る如く勇んで登りつめた。ようやくにして語り終えた時に峠にたどりついた若者は我にかえって「左右衛門語りさん、いよいよ峠に着きましたよ。本当によい語りを聞かせていただいてありがとう」と云った。老人は「これで源氏平家の戦いの全十二段の物語をおえました」とお礼を云って若者の背より下りた。二人は峠で一休みした後、再び若者がこの老左右衛門語りを背負いほどなく上戸沢部落に到着、親戚に老人の宿を頼んだ若者はその足で所用を足し又峠越えして帰った。打当部落に着いた若者は村人に「左右衛門語りを背負い、源氏平家の全十二段を聞き終わったところであの峠に登り着いた」と話して聞かせた。以来村人はこの峠を「十二段峠」と名

付け今日に伝えられている。（阿仁町史Ｐ６１３より原文のまま、ただし、漢字の一部を統一した）

## トンネルの入り口と出口が同時に見える?

秋田県南部と北部をつなぐ県内最長のトンネル「十二段トンネル」に入った。入り口の光りがどんどん小さくなっていく。中間地点にさしかかるころ前方に小さな光が見えた。後を振り返っても小さな光りが…。ここだと思いデジカメで写そうとしたら、同時は無理だと分かった。左目で出口、右目で入り口を見ようとしたがこれもだめだった。人間の広角視野を越えるレンズでないと無理であることが分かった。しかし、不思議なことに私の脳裏には入り口と出口の光りが同時に残っているのである。「十二段トンネル」を出ると間もなく「阿仁マタギ駅」に到着した。

## マタギは農耕と狩猟の兼業なのか

ここはマタギ発祥の地といわれる阿仁マタギ（打当マタギ、比立内マタギ、根っ子マタギ）の一つ「打当（うっとう）マタギ」の地である。送迎バスに乗り五分ほどで「打当温泉マタギの湯」に到着。早速隣接されている「マタギ資料館」に行き、阿仁マタギの狩猟用具展

**十二段トンネル**

示物史料を見学した。凄い。国の重要有形民俗文化財指定だけある。この地で生きぬくための生活文化が醸成されていたことを知った。狩猟民族とばかり思っていたが、農耕を基本としながら、農作業の少ない晩秋から春にかけての狩猟で、熊を山神様からの授かり物として敬い、それに伴う様々な儀式がある。シカリ（マタギの統率者）所蔵している秘巻『山立根本巻』『山立由来之巻』という巻物にしきたりがあるという。

また、巻物によるとマタギは、**万事万三郎**という猟師を祖とし清和天皇の頃（八五〇〜八八一年）まで遡るというから驚きだ。そういえば二〇〇四年一月に文藝春秋から単行本が刊行され、同年、第一七回山本周五郎賞、第一三一回直木賞をダブル受賞した熊谷達也氏の「邂逅の森」の主人公・旅マタギの松橋富治を想い出した。旅マタギとは出稼ぎ猟に出るマタギのことである。集落に猟師が増えると自然に猟場不足になる。そこから必然的に派生したのだという。ハンターとの決定的な違いを感じた。当時、熊の胆は高値で取引され熊の毛皮を始め小動物の毛皮も貴重な収入源となっていた。温泉（ナトリウム・カルシウム塩化温泉、自家源泉）に浸かった後、囲炉裏のあるマタギ座敷で熊の毛皮の敷物に座り「名物「熊鍋」をお酒は自家製のどぶろく「マタギの夢」でマタギの食文化を堪能した。

熊鍋

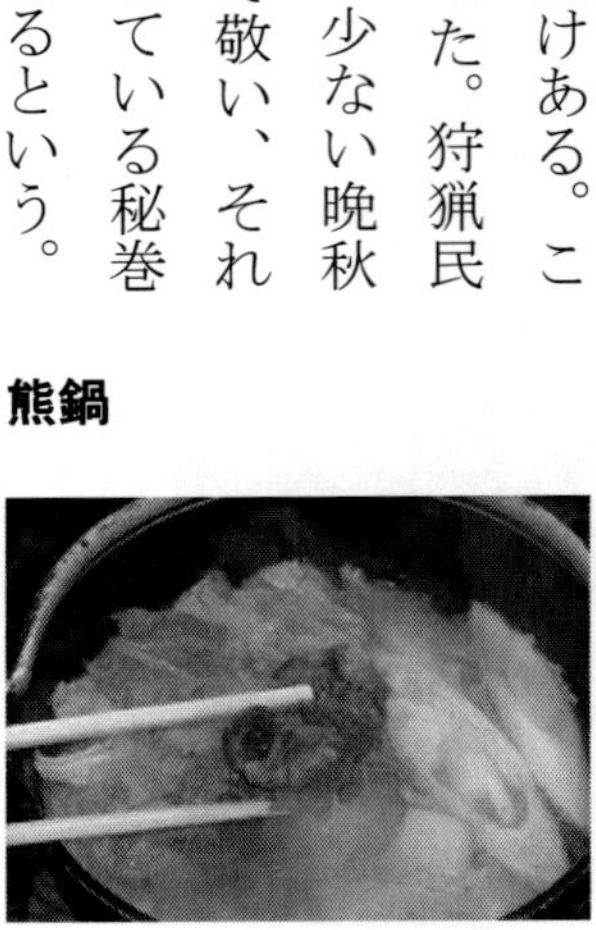

## シカリの語り

翌日は比立内マタギの地にある松橋旅館に宿をとった。元シカリの家である。ここにも国の重要有形民俗文化財が展示されていた。この旅館は昭和六十三年に訪れたときの思い出が深い。私たちが熊鍋とどぶろくでマタギ料理を楽しんでいたときの思い出がありありと目に浮かんでくる。老シカリの語りである。熊は死んだふりをしても試すからよほどの覚悟がなければできないこと、熊に襲われたらすかさずマタギ山刀（ながさ）を抜き懐に飛び込んで一突きで仕留めること、逃げるときは着ているものを一枚一枚投げながら走る、そうすると熊は投げた服に噛みつくから、それを繰り返して生き延びること、語りは延々と続いたがその中で今でも心に残っている語りがある。「雪深い年で山に入った。尾根を伝っていくと、日本サルを見つけた。そうと近づいていき、距離が十分になったところでよく見ると、五頭が一直線に進んでいた。先頭が若いサルだったのでねらいを定めた。そのサルは深い雪を懸命にかき分けて進んでいる。後のサルたちがその後をついていく。おそらく家族の群れだろう。すると先頭のサルが疲れたのであろう。二番目のサルが先頭と入れ替わった。後には母サルと子サルも見えた。先頭のサルにねらいを定めた。ところが

**マタギ**

撃とうとしたがどういうわけか、撃てなかった。その日はそのまま家に帰ってきたんだ」という下りである。

## 源氏か平家か、どちら？

三つ目の「根っ子マタギ」の地に向かった。トンネルを抜けると眼下にすり鉢状の集落が出現した。隠れ里といっても過言ではない。すり鉢状の地形を利用した棚田は小さいが美しい。各家々も傾斜地に建てられたから独特の間取りで、台所はすり鉢状の集落の中心に向かっている。この地には国の重要無形民俗文化財に指定されている能楽の一種**「根子番楽（ばんがく）」**が連綿と継承されている。代々継承者は集落の長男と限られていたが、少子化のため女子も対象になり、最近では集落外にも継承者を拡げている。舞を実際に鑑賞したことがあるが、勇壮な武士舞い、静かな古典舞いからなっている。伝説では平家か源氏の落人達が伝えたとされているが、どちらであるのかはっきりさせないのは生き延びるための智恵ではないだろうか。

**根子番楽**

## 3　千三百年の時空を持つ阿仁鉱山

阿仁マタギ駅から秋田内陸線の拠点駅である阿仁合駅に向かった。ここはかつて鉱山で栄え、日本一の銅の産出量を誇った地域である。駅舎の二階に行くと「北秋田森吉山ウエルカムステーション」が一帯の見どころを示してくれるから有難い。プロジェクションマップを使った大型ジオラマと大型スクリーンの解説がわかりやすい。先ずは徒歩五分で**阿仁伝承館・異人館**へ行く。伝承館では鉱山の歴史がよく分かるし、文化物にも触れることができた。

### 伝承が多いということは歴史が古いこと

学術的には一三八七年に金銀鉱が発見されたのが始まりとなっているが、伝承では「七九四年・八六四年（延暦十三年・貞観六年）に轟（ドドロ）山で金の発見（慈覚大師円仁）」とある。地元の郷土歴史家である戸嶋喬氏からの話だが、子様トンネルを作るときに墓所移転のための発掘で、なんと宋銭・唐銭が詰まった壺が出てきたという。十二段峠の伝承といい、マタギの祖の伝承といい、千年以上の時空に思いを馳せることができる伝承文化の旅でもあった。鉱山の採鉱場所には多くの鉱夫が働き、選鉱・精

**阿仁異人館**

錬し粗銅までの作業がその場所で行われていた。鉄道もなかった時代だからと納得はしてみたものの、想像を絶する世界だ。立体地図で見ると六つの鉱山集落が形成されていた(阿仁六ケ山)。そこからどうやって運び出したのだろうと疑問に思っていたら、馬ではなく牛が運んでいた。どうしてかなと思い調べてみると、馬は奇蹄目だから足を怪我しやすく偶蹄目の牛は丈夫だからだという。なるほど、経験則から生まれた智恵である。粗銅一個は６０kgである。阿仁川の船場まで運搬する様子は長蛇の行列ならぬ牛列だったと記録されている。想像しただけでも壮観な牛列だっただろう。採鉱から運搬まで一連の行程が絵巻「阿仁鉱山銅山働方之図」を見ると一目瞭然だった。この絵図は全長８ｍのカラーである。鉱物を原料とする岩絵具で描かれているため色彩があせないのだという。美術品としての価値も高いのだろう。粗銅は舟で阿仁川を下り、途中大型の舟に載せ替えて能代湊まで運ばれ、能代湊からは北前船で福井の敦賀で荷揚げされ、そこから琵琶湖・淀川を通って大阪まで運んでいた。つまりその時代からこの地は大阪と結ばれていたのである。帰り船には船のバランスを取るために御影石が運ばれ、阿仁伝承館近くの専念寺にある大阪屋彦兵衛の墓石は瀬戸内海原産の赤御影石が使われているのも納得である。加えて、このお寺には左甚五郎作と言われる如来像が飾られており、別名**「振り向き如来像」**として親しまれている。また、伝承館に飾ってある忠臣蔵の押絵屏風は縦１．８ｍ、横３．６ｍもある見事なもので、これも豪商が注文・購入したらしい。

## 食文化「なんこ鍋」とは?

「なんこ鍋」とは馬肉料理のことである。その昔、鉱夫が粉塵を吸いこんで起こる湿気病(ヨロケ病と読んでいる)に苦しめられていたという。あるとき放牧されていた馬が沢に落ちて死んでしまい、たまたまその肉を食べたら元気になったことから定着したらしい。なぜ「なんこ」と呼ぶのかというと、家畜として飼われている馬を食べるのははばかられるので十二支を当てはめた江戸時代の方位(辰刻法)に照らし、午(うま)は昼12時南向きとなるので南向きの方、つまりはナンコウと呼び、なんこ鍋と称されるようになったという。

食べてみると軟らかくてとても美味しいので二杯も食べてしまった。

## 鹿鳴館、ニコライ堂より古い「阿仁異人館」

伝承館から地下の坑道風通路を抜けると**阿仁異人館**だった。阿仁異人館は一八八〇年(明治15年)政府工部省直轄で建てられた。完成は二年後の一八八二年とされている。ドイツ人技師アドルフ・メッゲルが自ら設計したとされ、ルネッサンス風ゴシック建築で、四方に巡らしたベランダはコロニアル・スタイル、切り妻の屋根、アーチ型の窓で異国情緒たっぷりである.

用途は外国人宿舎、娯楽施設、迎賓館とも言われているが定かではない。ドアに使われているガラス窓に気泡が入っていた。明治十三年と注釈があった。国産のガラスは明治末期以降と言われているから珍しい。また、煉瓦は地元の土を焼いて造られた者で、これもメッゲルの指導という。外壁には当時の煉瓦がまだ使用されていて、一つ一つの色が異なっているから見た目にも美しい。久保田範に招聘された平賀源内が指導したという。また平賀源内は秋田欄画の祖である小田野直武を指導していたことでも知られている。東北地方における明治殖産産業時代を忍ばせる数少ない煉瓦造の貴重な遺構である。

さて、阿仁合駅を後にして次の駅に向かうのだが、阿仁マタギの根っ子集落で出土した**「魚形文刻石」**が気になり「阿仁町史」で調べてみると、この石は通称サケ石と呼ばれ、縦1・5m、底径6㎝、厚さ50㎝の安山岩に長さ13㎝から32㎝文様が一本の線で刻まれもので縄文時代中期のものと考えられていることが分かった。縄文時代といえば一九九二年（平成㈣年）に大館能代空港のアクセス道路」建設の際に発見された伊勢堂岱遺跡がある。早速そこに向かった。

## 4　縄文文化は不思議なことだらけ

阿仁合駅から再び内陸線に乗車し、宋銭・唐銭の壺が出てきた近くの小渕駅を過ぎると前田南駅。アニメ映画「君の名は」に出てきた駅に似ていると一躍聖地になった駅だが、確かに似ている。映画ではほんの一瞬であったと記憶しているが、よく研究している人もいるものだと感心した。聖地巡礼の若い人が自撮りをしていた。

次は温泉付き駅舎の阿仁前田駅。泉質はカルシウム・ナトリウム-塩化物泉の掛け流しである。以前宿泊したことがあるが、お湯にもゆったりとつかることができ、地元の方々の利用が多いと感じた。それだけ地域に愛されているのだろう。

**笑う岩宮**

次の駅は桂瀬。この地域の**白坂遺跡**から一九九二年出土した「笑う岩偶」は全国的にも有名になった。高さ6・6㎝、幅8．4㎝の石製人形で通常はこれから行く「伊勢堂岱縄文館」に展示されているが、あまりにも有名になり・国立博物館やフランス・パリで展示されるほどである。

次の駅は作曲家・成田為三出身の米内沢。歩いて一五分ほどで「浜

**笑う岩偶**

辺の歌音楽館」に着いた。「浜辺の歌」、「かなりや」などのメローディーを楽しんだ。次の駅「上杉」をスルーして合川駅に着いた。**「鎌沢大仏」**に行った。４・８２ｍの菩薩像が安置されていた。別名「弾丸除け（たまよけ）地蔵」と呼ばれていた。出征する男たちに人気があったという。大野台駅を過ぎるといよいよ小ヶ田駅。歩いて八分ほどで目的の伊勢堂岱遺跡に着いた。

## 伊勢堂岱遺跡から見える当時の日本

標高４５ｍの**伊勢堂岱遺跡**は今から四千年前の縄文後期の遺跡で、四つのストーンサークル、掘立柱建物跡、土坑墓、土器埋設遺構、捨て場、フラスコ状土坑、日時計型組石などから構成されていた。現在、世界文化遺産を目指している「北海道・北東北の縄文遺跡群」（北海道、青森、岩手、秋田）の十六件の一件でもある。二〇一六年（平成二十八年）にオープンした**伊勢堂岱縄文館**に入ると、またたくまに四千年前の縄文時代にタイムスリップした。疑問が次々と湧いてきた。縄文時代はなぜ一万年も続いたのだろう。縄文時代はもしかしたら今の科学を超越した科学があったのではないか。装飾文化が進化しているのは争いがなかったからではないだろうか。自然界と融合して生きてきた時代が縄文時代ではないのかと。ここで、『縄文の世界はおもしろい』（土谷精作、エコハ出版）を改めて読んだら縄文ロマンがさらに拡がった。

縄文時代は面白い。今日の宿泊宿は**「伊勢堂岱温泉縄文の湯」**である。すぐ近くなのでタクシーで行った。さっそく天然温泉掛け流しに浸かり縄文に思いをはせた。夕食は縄文食かなと思ったが、特に見あたらないので最後に麺にどんぐりや胡桃を練りこんでいる「縄文うどん」で締めた。翌朝はタクシーで大館能代空港に向かったら五分で着いた。お土産を買ってフライトとしたら眼下には伊勢堂岱遺跡の全容が見えた。こうして**秋田内陸線エコミュージアム**一回目の旅が終わった。

幹線開通で北海道・青森の時間距離が一挙に縮まったこと、「北海道・北東北縄文遺跡群」が世界遺産に登録される可能性が高まってきたこと等により「津軽海峡圏」の構想が再浮上しつつある。

【写真提供】
松橋旅館
根っ子番楽保存会
打当温泉マタギの湯
仙北市越後谷真悦氏

**伊勢堂岱遺跡**

# 第５章　今に生きる縄文文化

**「縄文文化の大きな特徴の一つは木と森の文化であり、日本文化の源流として、今も続いています。」（土谷精作さん）**

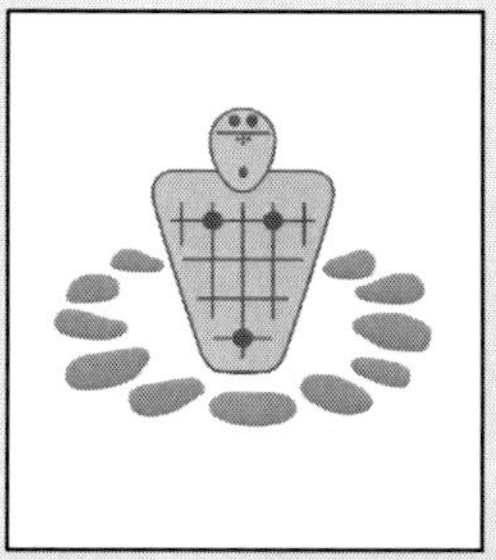

伊勢堂岱遺跡

## １　伊勢堂岱遺跡を訪ねて

二〇一八年十一月二十四日、「秋田内陸線ツアー」では伊勢堂岱遺跡を訪問した。（注１）

伊勢堂岱縄文館で遺跡の見学をすると共に、私どもからは『縄文の世界はおもしろい』の著者土谷精作さんに講演をしていただき、縄文についての話し合いをした。

シーズンオフに入っていたので、ストーンサークル等を直接見る事は出来なかったが、遺跡全体を見渡せる縄文館で多くの展示物を見ながら、館長の丁寧な説明を受けたので、その内容をまとめておく。

（注１）今回は「行くぜ‼東北・縄文と山菜をめぐる旅」として企画した。

**伊勢堂岱遺の全景**

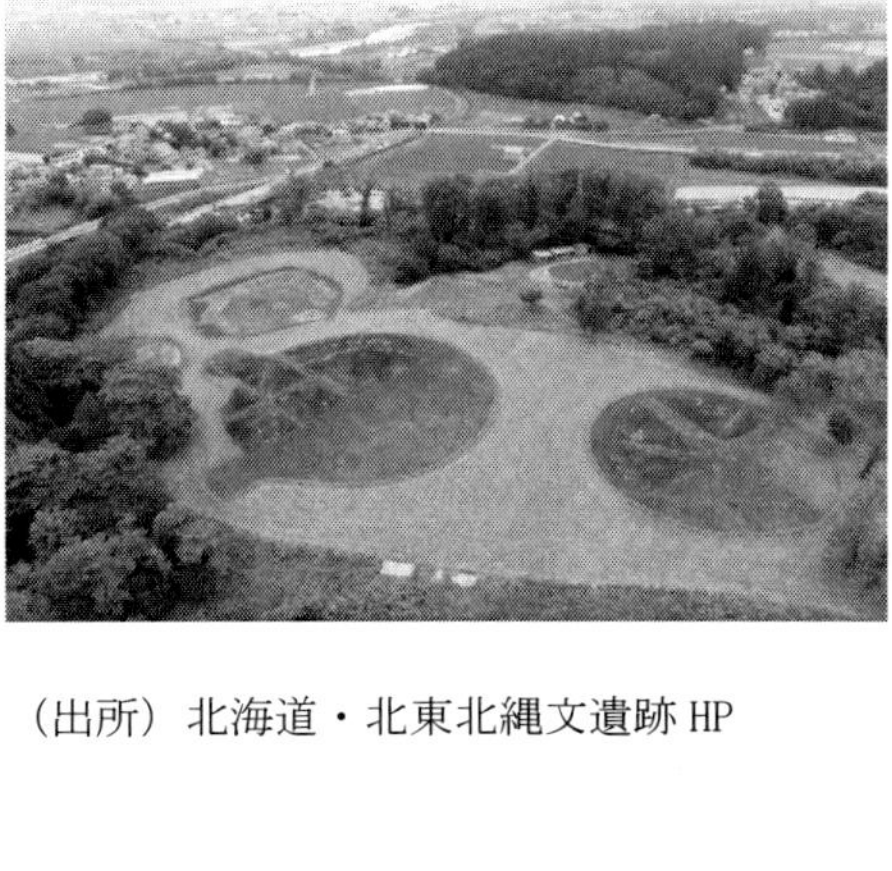

（出所）北海道・北東北縄文遺跡 HP

## 立地

伊勢堂岱遺跡は秋田県北秋田市北部に位置し、「米代川の支流である小猿部川と阿仁川によって浸食されて形成された南北６５０ｍ、東西３５０ｍ、標高４０~４５ｍの舌状大地に立地している。

南東には標高１４５４ｍの森吉山がそびえる。

能代空港に近く、秋田内陸線では小ケ田（おがた）駅から歩いてすぐのところにある。

## 遺跡発見の経緯

能代空港が、平成十年（一九九八年）に開港したが、それと国道を結ぶ道路工事中（平成四年）にストーンサークルの一つが発見され、保存を望む住民の強い声が盛り上がった。

その後、次々とストーンサークルが発見されたこともあり、道路計画を変更し、遺跡保存が確定したものである。その後、県の教育委員会のもとで発掘調査が進められ、平成十三年には国の指定遺跡となった。

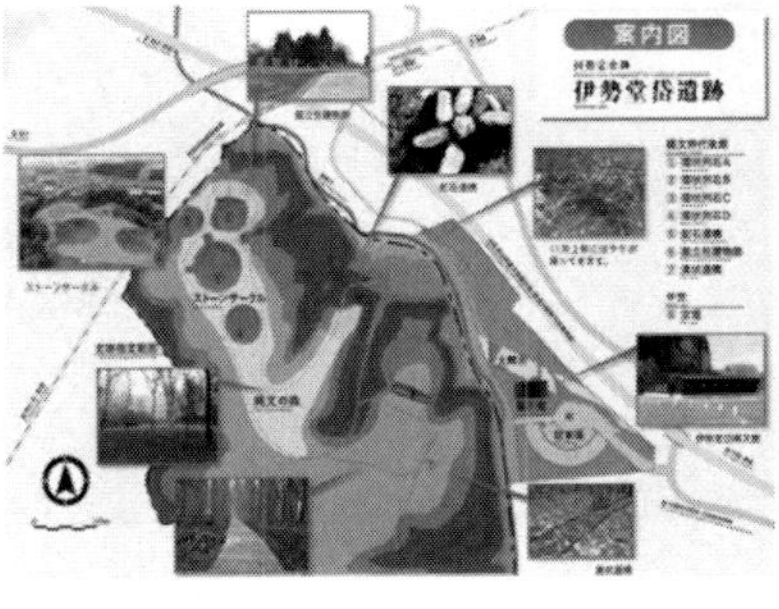


（出所）伊勢堂岱遺縄文館パンフレット

**環状列石**

この遺跡の四つの環状列石（ストーンサークル）は縄文時代後期（約四〇〇〇年前）のものと考えられている。

時期は、ずれているが、同じ地域に四つのストーンサークルが発掘された例は他にはなく、その周りの配石遺構、掘立柱建物跡、土坑墓、柱穴、溝状遺構なども検出されている。

このストーンサークルは、秋田県の**大湯遺跡**でも見られる。ここには二つのサークルが発掘されているが、大きい方の万座遺跡は直径５４ｍ、小さい方の野中座遺跡も４４ｍもあり日本最大である。そこには大小さまざまな川原石がならべられているが、それは雑然と置かれたものではなくいくつかの意思を組み合わせた整然としたものである。内輪と外輪のあいだには立積が立って老いることから『日時計』と呼ばれているがその死とについては諸説がある。

この種の環状列石は日本中に一七六カ所もあるが、秋田県に七四カ所もある。

これがどのように、何のために使われたのかは、まだ研究途上

**大湯遺跡**

であるが、近くに墳墓があることから死者の祭礼の場として使われていたことは間違いなさそうである。最近の研究ではそれが太陽の動きや周りの景観とも関連しており縄文人の死生観や自然への畏敬の心が表れているものと考えられている。

縄文人の大きな祭礼に使われたことは間違いなく、現代でいう大きなイベント広場であったといえる。その周りには多くの縄文人が住んでいたと考えられるが、残念ながらその遺跡はまだ発見されていない。しかしながら、このような巨大な石を遠方より運ぶには多くの労働力やそれを動かす組織力が必要なことはあきらかであり、きっとこの周辺に人々の集落があったと考えられる。

縄文人の生活が感じられるのは、この遺跡のそばを流れる米代川支流、湯車川には今でも鮭が上り、縄文人はそれを捕って食していたであろうという話であった。

大湯遺跡の列石

## 土偶

この遺跡の中には、平成二十八年に国の補助事業として、「伊勢堂岱縄文館」が開設されている。ここには、一〇〇を超える縄文遺跡から集められた多様な土器や土偶二〇〇点余りが展示されている。

坂状土偶

まず、伊勢堂岱遺跡のシンボルともなっている**板状土偶**がある。これはこの遺跡から発掘され、完全な形で復元されている板状の土偶である。これは葬儀等の祭礼の折、それを壊して葬ったものと考えられ、縄文人の精神性を表わすものであろう

中でも、伊勢堂岱遺跡から２０㎞ほど離れた白坂遺跡から発掘された**「笑う岩偶」**は極めて特徴がある。全国で発掘された土偶の中でも笑顔を持っているものは、これしかないのではないか。

本体自体は手に持つことができるほど通差なものであるが土偶の中で笑顔に見えるものは珍しく、マスコミ等でも大きく取り上げられたこともあり、今では地域の人気者となっている。

ちなみに、秋田内陸線には「笑内（おかしない）」という駅もあ

笑う岩偶

り、地域全体として、笑顔を大切にしていることからこれを内陸線、もしくは地域全体のシンボルとするのが良いのではないかということで米内沢駅の駅長さんとしてもこの土偶に登場してもらっている。

また、集められた土偶は、人間や動植物をリアルに表現したミニチュアがあり、それぞれが極めて多様なことが特徴である。このミニチュア土偶がどのような意味を持っているかについてもまだ解明されていないが、これだけまとまって発掘された例はあまりない。

秋田県各地の土偶

## 土器

土器については、縄文の各時代のものが展示されているが、この地域の中心は円筒式土器が多い。縄文の中期以降のものだと考えられる。

また、ここでは**アスファルトで接着された土器**が目についた。アスファルトは今でも石油製品の一つだが、縄文時代の人が、それを使っていたという点に興味がひかれた。エネルギー源として使用されていたかどうかは疑問であるが、最低限土器の修復材として使用されていたことがわかる。

さらに、縄文後期に特徴的な**うるしを上塗りした土器**や**シカの絵が描かれた土器**も展示されている。漆は木材製品の保存方法として古くから使われてきたが、その原型がこの時代にあり、それが今でも使われていることには歴史の重み感じられる。この地域で縄文人が、非常に多様な生活をしていたことが思われ、おもしろい。

**シカが描かれた土器**

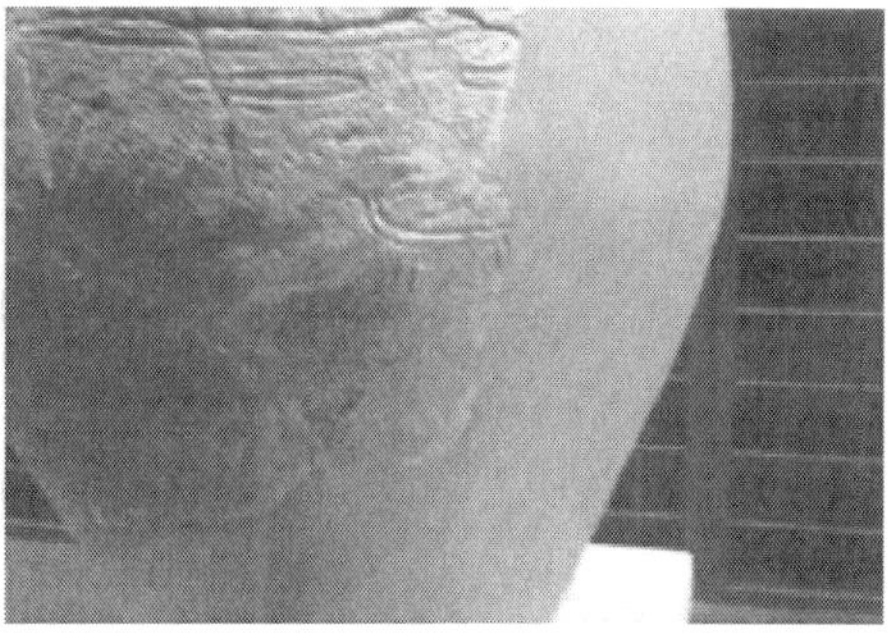

**円筒式土器**

（出所）北海道・北東北縄文遺跡ぐ

それらを含めて、現在「北海道・北東北縄文遺跡群」を世界文化遺産に登録しようという動きが高まっている。国の方針により、今年度は沖縄自然遺産の申請が優先されることになったが、近いうちに実現する可能性が高い。

問題はこの伊勢堂岱遺跡を含めて、その活用をどのように企画・整理していくかであろう。幸いにも既に伊勢堂岱遺跡縄文館があるので、それをコアにして、交通アクセス、縄文研究・展示パークの充実、情報発信などの仕組づくりを急ぐことが求められる。そうなれば本書全体で問題提起している**「エコミュージアム」**の内容付けの一つが出来ることになる。

**伊勢堂岱縄文館**

## 2 マタギの里

縄文時代から続くと考えられる人々の森の生活を、象徴的に表わすものとして**マタギの里**がある。

秋田内陸線沿線の阿仁地区は、このマタギのメッカとも言える地域である。

マタギはアイヌ語と共通で、狩猟する人という意味を持っており、古くからの人々の森での生活の面影を持っている。

頭領（リーダー）を中心とする一〇人内外の強い集団で、冬場には共同して熊や野ウサギ等の狩猟に当たり、熊の肝、毛皮、肉、骨などを加工して行商などもしていたようである。

もちろん、人々は狩猟だけをしていたのではなく、平地には水田や畑を拓き、米の他アワ、ソバ、各種の根菜類を栽培していた。山菜を収集、加工、保存することも大切な仕事であった。

マタギの湯、マタギ資料館、マタギの宿など関連する史跡は多く残されている。

そこで、これを日本文化遺産として、登録し保存しようという動きがある。後述するが、秋田内陸線沿線のエコミュージアムのテーマとしては、格好のものである。

**マタギの里トレッキング**

（出所）マタギ資料館

## 3　根子番楽

マタギの里に伝わる根子番楽は、古くからの村人の生活を踊りとしたもので、秋田県の無形民族文化財に指定されている。

これは、山伏神楽の流れをくみ、勇壮、活発で荒っぽい武士の舞である。

民俗学者の折口信夫氏によると「村人は、源平落人の子孫と称し、弓矢に長じ、狩猟を生活としてきただけに、ここの番楽は他のそれに比して、勇壮である。」

**根子番楽**

（出所）北秋田氏 HP

## 4　山ブドウの皮細工

もうひとつ、古くからの森の生活を彷彿とさせるものとして、比立内の佐藤さんの山ブドウ皮細工の工房がある。

これはある程度太くなった山ブドウの茎を森から採ってきて、それを干し、皮をなめして、縄状にし、バッグやカゴの形に織り上げていくものである。すべて手作業で、根気のいる仕事であるが、縄文時代の人々もきっとこのような方法で、手織りをしていたのではないかと思われる。

このようにして作られたバッグやカゴ等の皮細工は、最近人気となっており、口コミで多くの注文が来るようになってきたが、後継者が少なく、生産が間に合わない状況となっている。

これなどは、体験学習のテーマとして、絶好であるし、上手くマーケティングすれば、地域の特産品として、ポジションを得ることも出来るように感じた。

**山ブドウ革細工の政策風景**

（出所）筆者撮影

＊＊＊＊＊＊＊＊＊＊＊＊＊＊＊＊＊＊＊＊＊＊＊＊＊＊＊＊＊＊＊＊＊＊＊＊＊＊＊＊＊

## 今に生きる縄文文化　（インタビュー）

土谷精作さん

**本書では秋田内陸線沿線の活性化と関連して「今に生きる縄文文化」という章をつくっていますが、それについての全体的なコメントをお願いします。**

**（土谷）**一言でいえば縄文文化は日本文化の源流だということでしょう。

現代の地球社会は急速に変化しています。生活のスタイルは変わり、経済的な効率性がすべてを支配する社会になっています。それだけに狩猟・漁労・採集の生活が一万年も続いた縄文社会を振り返ることは現代社会の見直しにつながると思います。

縄文時代の生活様式は確かに自然とともに生きることでした。

縄文人の食生活を考えてみますと、温和で

＊＊＊＊＊＊＊＊＊＊＊＊＊＊＊＊＊＊＊＊＊＊＊＊＊＊＊＊＊＊＊＊＊＊＊＊＊＊＊＊＊

＊＊＊＊＊＊＊＊＊＊＊＊＊＊＊＊＊＊＊＊＊＊＊＊＊＊＊＊＊＊＊＊＊＊＊＊＊＊＊＊＊＊＊

四季の変化に富む日本の風土に適合した暮らしをしていました。春から初夏にかけては山菜や海藻、貝類を採集し、夏は海に乗り出して大型の回遊魚を釣っていました。秋は川を遡上するサケを獲り、森でクリやクルミなどの木の実を集めていました。そして冬になると、木の葉を落とした森に入り、シカやイノシシなどの狩りをしていました。

海の幸、山の幸を巧みに利用していた縄文人は食料資源を必要以上には獲らない抑制的な生活態度を守っていたと思います。ですから食料資源が枯渇することなく、縄文社会が一万年も続いたのでしょう。その背後には「山川草木ことごとく生命があり、人間はその生命をいただいて生きている」という観念があったと思われます。

こうした縄文人の生活文化や精神文化は今の日本に引き継がれています。調和を重く見る日本文化の源流は縄文人の生活文化や精神文化にあると私は考えています。

**この度、伊勢堂岱遺跡を訪れましたが、この遺跡の特徴は何ですか。他の遺跡との共通点と相違点をお教えください。**

**（土谷）**　伊勢堂岱遺跡は縄文時代の後期（約四千年前）、米代川左岸の台地に営まれました。四つの環状列石が発見されています。五キロも離れた遠い所から多くの川原石を運んで環状に石を配置しました。土手状に盛り土をした敷地に石を運び、敷地のわきに大きな溝を掘るなど大規模な土木工事をしていました。おそらく長い年月をかけて環状列石を作った

＊＊＊＊＊＊＊＊＊＊＊＊＊＊＊＊＊＊＊＊＊＊＊＊＊＊＊＊＊＊＊＊＊＊＊＊＊＊＊＊＊＊＊

**************************************

のでしょう。

　環状列石の下には死者を埋葬した土坑があり、祭りの道具が出土しています。完全な形に復元できる板状土偶など二〇〇点を超える土偶が発見されています。ほとんどが破片で見つかっていますが、何らかの祈りをこめて壊されたのでしょう。死者をあの世に送る大規模な祭祀の場であったことは間違いありません。

　伊勢堂岱遺跡には日時計のような形をした組み石があります。この中心から環状列石Aの方向に夏至の日の太陽が沈むということです。このような日時計の組み石は同じ秋田県の大湯遺跡でも発見されています。環状列石と日時計の組み石は縄文人が太陽の運行を示すために作ったものでしょう。


　二至二分、つまり夏至と冬至、春分と秋分は大自然の動きを顕わします。夏至は太陽の勢いが最も大きい時であり、冬至は衰えていた太陽が勢いを取り戻す時です。冬至は生命の再生を象徴すると考えていたのかもしれません。

　環状列石と日時計で生命の再生を祈る方角を示し、死者の再生を祈ったのではないか。伊勢堂岱遺跡は縄文人の精神世界を示す貴重な遺跡だといえます。

　太陽の運行と関係が認められる先史時代の遺跡はイギリスやアイルランドにもあります。ユーラシア大陸の東西を遠く離れた土地に築かれたストーンサークルで夏至や冬至、春分や秋分の太陽の動き、日の出や日没の方角を

**************************************

示す遺構があることは何とも興味深いことです。

**今回は遺跡のほかにマタギ、山ブドウ皮細工、根子おどり等も含めて「今に生きる縄文文化」としていますが、この文化の継承性についてお話しください。**

**（土谷）**　去年の秋、阿仁のマタギの里を訪れたとき、阿仁マタギの末裔である松崎利彦さんの旅館に泊まりました。そのとき、拙著『縄文の世界はおもしろい』を記念に差し上げました。この本で私は先ほど紹介した縄文人の暮らし方について解説しています。国学院大学名誉教授の小林達雄さんが発表した「縄文人の生活カレンダー」を引用していますが、これをみた松橋さん夫妻は「私たちの生活とそっくりだ」と驚きの声をあげました。縄文の世界は今に生きていることを実感しました。

松橋旅館にはマタギが狩猟に使った道具がいろいろと展示してありましたが、そのなかに稲わらを円盤状に編んだ道具がありました。松橋さんの話によりますと、雪の上を走るウサギを見つけると、これを円盤投げのように投げるのだそうです。すると、鷹の羽ばたきそっくりの音がして、ウサギは雪の上にじっとしているので、たやすく捕まえることができるのだそうです。鷹をやり過ごすウサギの習性でしょうが、この習性を巧みに利用する狩りの知恵だと感心しました。

落とし穴を仕掛けてシカやイノシシを採ることもあるそうですが、落とし穴は各地の縄文遺跡で見つかっています。縄文人の狩りの知恵は今に伝わっているといえそうです。

　マタギという言葉の語源にはいろいろな説があるのですが、アイヌ語の辞典を見ますと、マタンギという言葉には狩猟とか冬の人などの意味があると書かれています。縄文人は原日本人であり、長い時間の経過のなかで琉球人、本土の縄文人、アイヌと分化していったとされています。こうした言葉の問題は北東北と北海道に共通する言語、共通する文化があったことの証ではないかと思います。

　さらにマタギの宗教観や生命倫理をとりあげてみます。マタギの人々は狩りで山に入る前に身を清めます。山は「山の神が支配する聖域」だという観念があるのです。また獲物の魂を神のもとに送る儀式もあるそうです。アイヌのイオマンテ、熊の魂を神々のもとに送る儀式と通ずるものがあります。「狩りの獲物は山の神から授かったもの」という縄文人の宗教観を示唆しているのではないかと思います。

**松橋旅館のマタギの部屋**

阿仁で見た山葡萄の蔓の細工も印象的でした。山葡萄の蔓を水に漬けたうえ、しごいて繊維を柔らかくし、それを編んでバックに仕立てていましたが、三内丸山遺跡で出土した「縄文のポシェット」を想い出しました。縄文人の生活の知恵が今に残っていると感じました。

土器に縄目の文様が多いので「縄文（縄紋）」という言葉が生まれたのですが、縄文人は植物繊維を撚っていろいろな太さの糸や縄、綱を作りました。いろいろな大きさの釣り針が出土しているので、釣り糸の太さもいろいろあったのでしょう。縄文遺跡から石の錘が見つかりますが、縄文人は網を使って漁を行い、太い綱で丸太を運んで竪穴住居を作っていました。縄はまさに縄文人の暮らしを支えていました。

**山ブドウの皮で編んだ物入**

さらに植物繊維から作った糸で衣服を編み、さまざまな骨角器や木の製品を作りました。縄文人は手先が器用だったと思います。

手先が器用だという特徴は日本人の美術工芸、その他いろいろな文化に受け継がれています。これについて著名なフランスの文化人類学者、レビー・ストロース教授（故人）の発言を紹介しておきましょう。三十数年前に来日したときの講演で述べた言葉ですが、彼はこう言っています。

> 日本には幅や硬さの違う、薄く裂いた竹の思いがけない組み合わせで、いろいろ変わった面白い竹製品がある。この竹籠の類の様式には、はるかな縄文土器と同じ原理が形を変えて、名残をとどめている。

日本文化の代表的な茶道では茶筅や生け花の籠などさまざまな竹の道具が使われていますが、いずれも繊細な技術を駆使して作られたものです。縄文時代以来の文化的伝統だといえるかもしれません。

**今後、縄文文化のことを世界に情報発信していくにあたって、西洋文明の「石の文化」との関係をどのように考えるべきかをお教えください。**

**（土谷）** 日本文化は木の文化だといって疑う人はいないと思います。

日本古来の住居建築はすべて木で作られていました。縄文時代の竪穴式住居はクリなどの丸太を利用していますし、三内丸山遺跡の六本柱建造物もクリの大木を使っています。世界遺産に登録された白川郷や五箇山の合掌造り集落は縄文以来の居住形態を伝えているといってよいでしょう。

伊勢神宮の式年遷宮は二十年ごとに行われます。内宮、外宮とも同じ広さの正殿用地が並んでいて、社殿は二十年ごとに建て替えられ、鎮座する神様は新しい社に遷ります。掘

＊＊＊＊＊＊＊＊＊＊＊＊＊＊＊＊＊＊＊＊＊＊＊＊＊＊＊＊＊＊＊＊＊＊＊＊＊＊＊

建て柱の建築で、おそらく弥生時代の建築様式を継承しているのでしょう。

法隆寺は世界最古の木造建築として世界遺産に登録されています。このほか世界遺産に登録された日本の社寺建築、たとえば京都・奈良の社寺群、安芸の厳島神社や平泉の中尊寺などいずれも美しい木造建築です。姫路城の天守閣にしても木造の高層建築です。

日本に現存する木造建築は書院造りなど多様な建築様式がありますが、いずれにしてもその建築技術は極めて精巧で、連綿と受け継がれてきた建築のノウハウが集積されていると思います。

伊勢神宮の式年遷宮が二十年ごとに行われるのはなぜでしょうか。式年遷宮に従事した若い宮大工が二十年たって棟梁になり、そのノウハウを次世代に伝えることができるからだと思います。

建築そのものをハード、建築技術をソフトとよぶとすると、石の建造物は痛んでも形は残ります。ハードは残ります。しかしソフトは伝承されにくい。木の建造物は消滅しやすい。そこで消滅しないように建築技術のソフトを伝承していく。伊勢神宮の式年遷宮はソフトの伝承だと言ってよいのではないでしょうか。

日本文化は木の文化だということに関連して漆の文化をとりあげてみます。英語の japan は漆や漆器を指します。漆製品は多く日本から輸出されたため、漆製品を japan とよんだのでしょう。

各地の縄文遺跡から漆製品が発見されてい

＊＊＊＊＊＊＊＊＊＊＊＊＊＊＊＊＊＊＊＊＊＊＊＊＊＊＊＊＊＊＊＊＊＊＊＊＊＊＊

ます。函館の垣ノ島遺跡からは世界最古（九〇〇〇年前）の赤漆製品が発見され、四〇〇〇年前のものとされる見事な赤漆塗りの注口土器も出土しています。

福井県三方湖の鳥浜遺跡からは七〇〇〇年前の漆塗りの櫛が発見されています。さらに三内丸山遺跡では漆を塗った「縄文のポシェット」が出土しています。

私が住んでいる鎌倉にはお盆や手鏡など木製品に漆を塗った鎌倉彫のお店がたくさんありますが、中世のお寺で使う祭祀具に漆を塗ったのが始まりで、日本の漆文化が今に生きていることを感じます。

先ほど紹介したレビー・ストロースさんは日本文化のこのような連続性を指摘するとともに日本文化の独創性を指摘しています。ユーラシア大陸の東の端に位置するという日本列島の地理的条件と何度も繰り返された孤立によって、文化の独創性が生まれたと言っています。

縄文土器の独創性についてふれてみます。去年の夏、東京国立博物館で「縄文　1万年の美の鼓動」という特別展が開かれました。国宝に指定されている五点の土偶と同じく国宝の火焔式土偶などが展示されていました。

展示された縄文土器は時代や地域によって多様ですが、北海道・北東北地域には円筒土器が多く、ひとつの共通文化圏をなしていたことが分かります。関東地域、中部高地地域など地域によって土器の造形や文様などにそれぞれ特色がありますが、全体として縄文土

＊＊＊＊＊＊＊＊＊＊＊＊＊＊＊＊＊＊＊＊＊＊＊＊＊＊＊＊＊＊＊＊＊＊＊＊＊＊＊＊＊＊＊＊

器の躍動的な装飾性が印象的でした。

会場には西アジアから中国大陸にいたる各地の古代遺跡から出土した土器を展示したコーナーがありましたが、一言でいうと、実用的な土器が多く、土器に描かれた彩色文様も具象性が勝っていました。

これと対比すると、縄文土器は極めて複雑な形状、文様で造られていて、日本文化の独創性を感じました。

土偶にしても伊勢堂岱遺跡から出土した板状土偶をふくめ、写実性を飛び越えてデフォルメされた造形が多いように思います。日本人の美意識には縄文人以来のＤＮＡが伝わっていて、浮世絵などに現れたのではないかと空想してしまいました。

エジプトのピラミッド、ペルーのマチュピチュ遺跡など古代文明の世界遺産には石の建造物が多いことはよく知られています。厳しい自然条件のなかで、木の建造物を維持することは難しい。石材には恵まれている。そういう風土のなかで石の文化が発展したのだと思います。

先史時代からの世界の住居をみても、乾燥地帯では日干しレンガが多く使われ、黄土高原の穴居住宅のように現代にいたるまで崖に掘った穴居住宅で暮らしている人もいる。風土が違えば生活形態も違う。だから人類の文化は多様なのだと思います。世界の人々には日本の文化が日本の風土に適合した形で形成されてきたことを理解していただきたいと思います

＊＊＊＊＊＊＊＊＊＊＊＊＊＊＊＊＊＊＊＊＊＊＊＊＊＊＊＊＊＊＊＊＊＊＊＊＊＊＊＊＊＊＊＊

＊＊＊＊＊＊＊＊＊＊＊＊＊＊＊＊＊＊＊＊＊＊＊＊＊＊＊＊＊＊＊＊＊＊＊＊＊＊＊＊＊＊＊＊

**今後、北海道・北関東縄文遺跡群が世界遺産に登録されるとして、それを地域活性化とつなげていくにあたってどのようなことを考えればいいのかお教えください。**

**（土谷）**「木と森の文化」をキーワードとすることはよいと思います。海の幸も豊かな森によって育まれているのですから、豊かな森は海に生きる人々の母であると言ってよいでしょう。サケの遡上はまさに森と海の関係を表しています。

この地域をどう活性化するか、私に名案がある訳ではありませんが、海外からたくさんの観光客がこの地を訪れるように工夫すべきだと思います。それには海外の観光客にとって何が魅力なのか、考えることが大切です。山菜なのか、クマやシカの肉料理なのか。木の彫刻なのか、降り積もった雪なのか。常夏の国からの観光客にとっては雪景色のなかの生活が何よりの魅力もしれません。海外の評判が高くなると、日本国内に跳ね返って大きな反響が生まれると思います。

北海道・北東北の縄文遺跡群が世界遺産に登録されたときに、先史文化の世界遺産サミットを開催したらどうでしょうか。世界各国の先史文化にかかわっている関係者を招いて、函館、青森、秋田などでいろいろなテーマのフォーラムを開くのです。秋田では「木と森の文化」「雪国の生活の魅力」などのテーマが考えられます。地元の人では気がつかないような魅力を探すことができるもしれないと思います。

**―どうもありがとうございました。**

＊＊＊＊＊＊＊＊＊＊＊＊＊＊＊＊＊＊＊＊＊＊＊＊＊＊＊＊＊＊＊＊＊＊＊＊＊＊＊＊＊＊＊＊

* * * * * * * * * * * * * * * * * * * * * * * * * * * * * * * * * * * * * * * * * * * * *

* * * * * * * * * * * * * * * * * * * * * * * * * * * * * * * * * * * * * * * * * * * * *

# 第６章　森の恵み・山菜を活かす

編集部

秋田内陸線の沿線は山菜の宝庫である。地域の人々は古くからこれを日常の食生活の中で普通に利用し、旅館やホテルでは訪れる人たちにこれを提供してきた。

私たちが訪れた時も、熊鍋、シカ鍋とともに多くの山菜料理が振る舞われた。本章では秋田の山菜を紹介したうえで、山菜を地域資源として活用する考え方を提示したい。（注Ⅰ）

## １　山菜の宝庫

まず、一般的な山菜の種類とその特徴、料理方法について図表６—１のように整理した。それを参考にしながら簡単な紹介をしておこう。

（注１）秋田森づくり活動サポートセンターHP の「森と水の恵み・山菜図鑑」に詳しい

春の初めにはバッケ（ふきのとう）がほころび、カタクリが花をつける。ギョウジャニンニク、アサツキなども初春の風味である。

春から初夏にかけては、ボンナ、ウド、タラノメ、ミズ等が山菜のピークを告げる。特にミズは春から秋まで長い期間食べられる。沢筋の湿ったところに群生するので「ミズ畑」と呼ばれ大量栽培も可能である。

「山菜の王様」と呼ばれるシドケ、「山菜の女王」のアイコ、どこでも取れるフキ等が出るようになると山菜シーズンの最盛期である。

シダ植物のワラビ、ゼンマイ、コゴミも出てくる。

山菜は、一般に下処理が必要だが、それらの手間がいらないものとして、シドケ、アザミの茎、ウルイ等がある。ブナ林のシドケ（モミジガサ）等は現場でも食せる。

秋には、一般の山菜はなくなるが、山菜の一種としてのキノコのシーズンとなる。秋田にはマイタケ、シイタケ、シメジ、エノキダケの他、ナラダケ、ヒラタケ、キクラゲなど豊富なキノコがとれる。

この頃には、傾斜がきつく、清流のある沢地に出来るワサビも独特の風味があり、高い付加価値を持っている。

**熊鍋と山菜料理**

## 図表6-1 秋田の山菜

| 名　称 | 時期・場所 | 料　理 |
|---|---|---|
| **ふきのとう(バッケ)** | 春の雪解け<br>日当たりの良い所<br>棚田の畔、道端 | 天ぷら,,油炒め,,汁の実<br>**バッケみそ**<br>（よく水洗いし、熱湯をかけて色を出す。<br>水分をとったあと、細かく刻みフライパンで<br>味噌砂糖と混ぜて熱を通す） |
| **カタクリ(春告げ花)** | **春の女王**<br>早春に6弁の可憐な花を<br>つける<br>芽吹く前の里山<br>ブナ林に群生<br>根は高級な天ぷら粉 | 天ぷら,,油炒め,,汁の実<br>和え物、酢の物<br>**カタクリの花煎餅**<br>（餅粉を温かい湯でこね、油<br>で片面を炒め、花弁を入れ<br>てもう一方を焼く） |
| **ギョウジャニンニク<br>(アイヌネギ)** | 葉脈の単子植物<br>7〜8年もかかるので<br>根こそぎにしない<br>強い臭い | 生食、おひたし、醤油漬け<br>酢味噌和え、、<br>**豚バラ炒め**<br>(茎の部分を短く切り肉と混ぜて炒める) |
| **アサツキ(ヒロッコ)** | **ヒガンバナ科ネギ属**<br>雪解け時<br>地中にらっきょに似た<br>球根 | 軽く茹でておひたしや和え物、<br>天ぷら、炒め物となる<br>味噌和え、マヨネーズ和え |
| **コゴミ(クサソテツ)** | **シダ植物**<br>山地の湿っぽい林床<br>巻いている若芽<br>（採取期間は意外に短い）<br>若芽をナイフで採る | 天ぷら、サラダ、汁の実、蒸物<br>**コゴミのさっぱりパスタ**<br>（大きめの鍋に湯を沸騰させ、<br>塩をひとつまみ入れ、パスタ<br>を茹でた後、刻んだにんにく<br>塩を入れて炒める） |
| **ツクシ** | **スギナの胞子**<br>雪解けの春<br>日当たりの良い土手、<br>空地、荒地等に群生<br>食用は胞子が開く前<br>ハカマを除き茎だけを茹<br>で、水にさらして調理 | 煮物、酢の物、汁の実、味噌和え<br>汁の実、ゴマ和え<br>**卵とじ**<br>（下処理の上、サラダ油で炒め<br>る。砂糖、みりん、醤油で味<br>付けし、最後に卵でとじる） |
| **ヨモギ** | **うらじろ**<br>田んぼの畔や空地<br>山際の日当たりの良い | 天ぷら、炒め物、汁の実 |
| **タラノ芽** | **ウコギ科**<br>山地の林、原野<br>幹が刺だらけなので軍手<br>ナイフで切り取る<br>脇芽、二番芽は残す | ぞき天ぷら、網焼き、おひたし<br>**タラノ芽ソティ**<br>（洗って食べやすく切る。サラ<br>ダ油でじっくり火を通す。<br>最後に火を強くしてバターを<br>入れ、醤油をかける。） |
| **イタドリ(さしぼっこ)** | **タデ科の多年草**<br>スカンポとも呼ばれ酸っ<br>ぱい<br>土から顔を出したばかり、<br>成長した物<br>手で採るかナイフで切る<br>民間薬（痛みが取れる） | 皮をむき、塩漬けにしてから<br>味噌汁、酢の物、汁の実、油いため<br>汁の実、油炒め<br>**ドライカレー**<br>（筋を取りみじん切りし　トマト、<br>とマタギタマネギと一緒に炒め、<br>カレー粉をいれる） |
| **シドケ(モミジガサ)** | **山菜の王様**<br>ブナ林<br>湿潤沿いの斜面<br>茎が太く、葉が開ききら<br>ない若芽の頃が旬 | おひたし、たたきにつけ、天ぷら<br>汁のみ、ゴマ味噌あえ、油炒め<br>**おひたし**<br>（食塩を入れ、熱湯　でさっと茹で冷水にさらす。<br>1本1本皮をむいてから切って、マヨネーズや<br>鰹節をふりかけ醤油をつけて食べる） |

| 名　　称 | 時　期・場　所 | 料　　理 |
|---|---|---|
| **アイコ**<br>〔ミヤマイラクサ〕 | **山菜の女王**<br>ブナ林を代表する山菜<br>茎や葉に鋭い刺がある | 和え物、汁物、炒め物<br>一夜漬け、味噌漬け<br>茎は味噌をつけ生食<br>若芽は天ぷらが定番 |
| **ウド(ヤマウド)** | ウコギ科<br>日当たりの良い急斜面<br>腐葉土が堆積した崩壊<br>斜面に出る物が極上<br>畑ものもある<br>蕾、芽、茎を使用する<br>大きくなると食用にならない | ウドのキンピラ、<br>ウドスティック<br>**ウドのドレッシング和え**<br>（皮をむき、拍子切りし、<br>水に入れてアクを抜く。水を<br>切り、他の野菜と盛り合わせ<br>ドレッシングで和える） |
| **ワサビ(ヤマワサビ)** | 斜面がきつく清流沿いに<br>群生する<br>春から夏<br>持続的な利用のためには<br>太い根を取る<br>若葉や花茎,「ワサビ田」もある | 醤油漬け、根は刷って食べる<br>**山ワサビの醤油漬け**<br>（よく洗い、食べやすく刻み、<br>ざるに入れて熱湯をかけ、<br>ストックパックに入れ、<br>万能ツユを注ぎ、冷蔵庫にいれる） |
| **ミズ(ウワバミソウ)** | 春から秋まで<br>沢筋の湿地帯に「ミズ<br>畑」のようになる<br>根がなく赤味の強いもの<br>根を残して折る | ミズの即席漬け<br>（よく洗い、皮をむく。みじん切りにした<br>沸騰した湯に塩をひとつまみショウガを<br>入れ、塩をふり、指先で軽く揉む。<br>塩昆布と混ぜ合わせると数時間で食べられる） |
| **ゼンマイ** | 沢沿いの雪崩の多い急崖<br>シダ植物<br>その日のうちに処理する。<br>重曹や木灰を入れ釜で<br>茹で蓋をして一晩おき、<br>流水で洗う。その後天日干しする | 味噌汁、煮物、和え物天ぷら、油炒め<br>**ゼンマイ白和え**<br>（すり鉢に水分を抜いた豆腐と<br>共に入れ、混ぜる） |
| **ヤマブドウ** | 若芽は山菜として食す<br>秋には黒褐色の実<br>葉は大きい | **ヤマブドウパン**<br>（パンの生地を8割くらい練ったところに<br>入れて発酵させる） |
| **ワラビ** | 伐採跡地など日当たりの良い草地や<br>川沿いの土手指先で先端のホダをとる<br>大きめの容器に入れ、<br>重曹や木灰を入れ熱湯で<br>蓋を閉めてアク抜き<br>翌朝、冷水で1～2時間さらす | おひたし、たたきショウガ和え、汁の実<br>**ワラビナムル**<br>（ボールに醤油、ねぎ、にん<br>にく、ごま油を入れ、よく<br>混ぜ、中火で炒める<br>水を入れ、中火で5分位煮る |
|  | 長さ15cm緑色の笹<br>笹藪の地上に少し芽を<br>出した物を根元から折る | 通し裂いたものにマヨネーズ<br>等をつけて食べる） |
| ヒデコ<br>（シオデ） | **森のアスパラガスとも**<br>呼ばれている<br>山野の日当たりのよくな<br>いところに生える | 汁の実、煮付け、天ぷら<br>**シオデパスタ**<br>（適当に切り、お湯で茹で水にさらす<br>マヨネーズ、粉チーズ生クリームなどのソースで和える） |
| アキタフキ<br>（オオフキ） | 6月頃には6～7尺にもなる<br>ナイフを使って採る | 油炒め、佃煮、味噌汁の実<br>**長期保存**<br>（大鍋で茹で、皮をむき、フキ<br>の皮で束ね、大きな樽に入れ<br>塩漬けする）<br>食べる時流水にさらす |

（出所）あきた森づくり活動サポートセンター
国際薬膳協議会等を参考に作成

## 2 「山菜王国」の条件

この地域にある豊富な山菜は今のところ部分的にしか利用されていないが、今後この地域の産業活性化を図るには、これを地域資源として大都市圏のマーケットを開拓するのがよいと思われる。そのための仕組みとして**「山菜王国」**の構築を検討したい。

図表6-2はその全体像を示したものである。

このマーケットを開くには、まずは山菜を愛好する消費者を増やすことが必要である。特に大都市圏の山菜に関心のありそうな消費者に呼びかける仕組みが必要である。

もう一つは、全国各地にある山菜の産地の生産者に山菜の採取・加工・保存の技術を蓄積してもらうことが必要である。

さらに、それを流通・販売させる機能が必要

図表6－2 「山菜王国」の条件

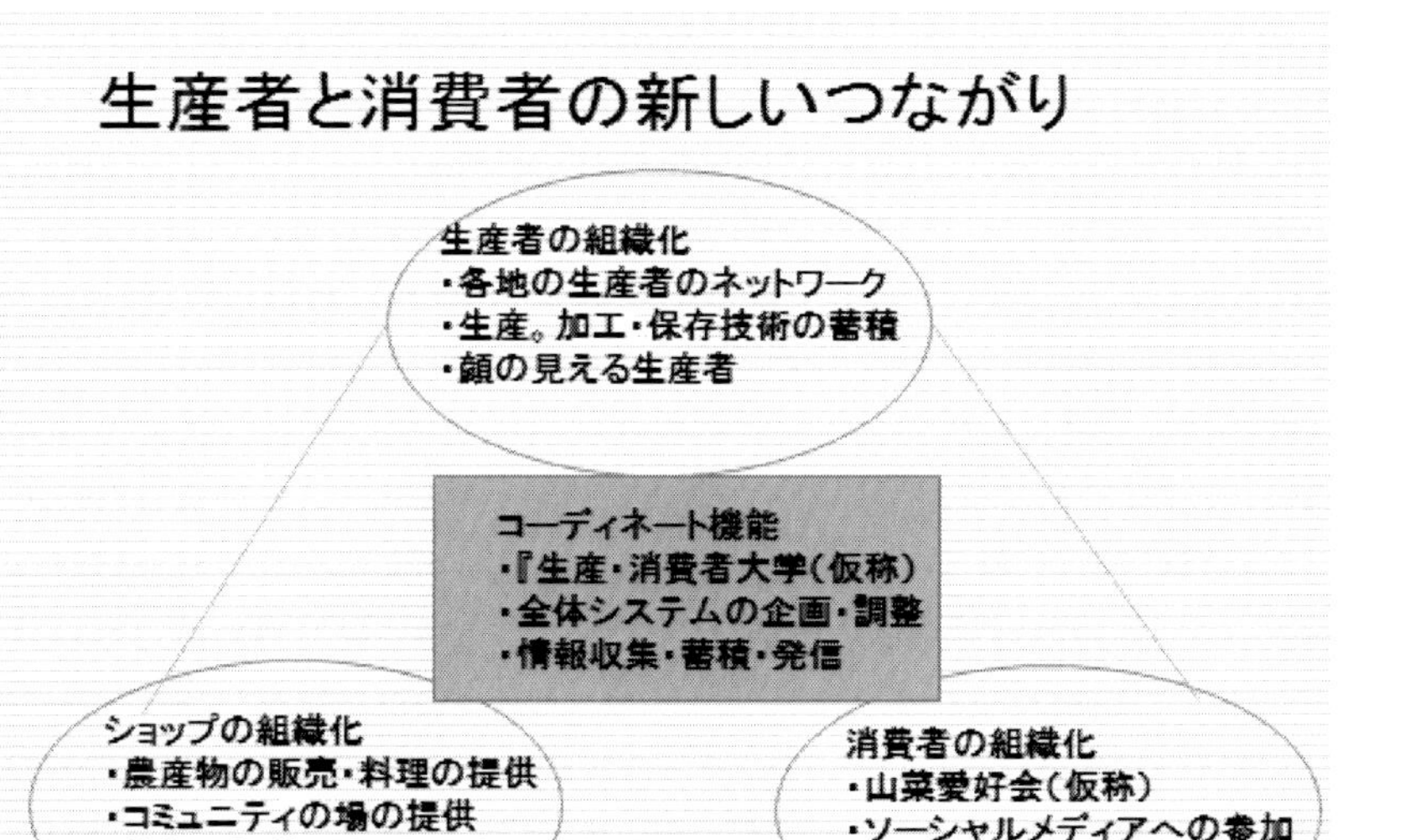

である。

そして、それらの機能をバランスよく結びつけるためのコーディネート機能が必要である。

この「山菜王国」の構想は数年前から提唱し、できるところから実践している。これまでの実践的な試みをいくつか紹介しておこう。

**（山菜のポータルサイト）**

山菜の魅力を人々に広報し、山菜の愛好者を増やしていくための仕組みとして山菜のポータルサイトを試作した。この中には山菜愛好者を増やすための山菜入門講座や山菜に関する各種のイベント案内、産地の生産者交流等、山菜に関するすべてをかわら版の形で提供しようとの企画であった。そのための準備を整えてきたが、二〇一九年よりフェイスブックでその機能の一部を果たすことにした。今できているのは部分的であるが、今後その内容を拡充していきたいと思っている。（注2）

**山菜愛好者のコミュニティのポータルサイト**

（注2）

https://www.facebook.com/groups/2510487022515398/?ref=share

**（山菜パーティの継続）**

山菜愛好者を増やし、愛好者の交流を図るためには**「山菜パーティ」**が有効であろうということで東京・八王子では、年二回、山菜パーティを開催してきた。このイベントは八王子の「炭焼三太郎小屋」をベースに、地域の山菜を採取してきて、料理して、食べるというものだが、毎回様々な人が集まり大いに盛り上がっている。山菜愛好者のコミュニティとして評価できるのでエコハ出版では何回かこれを紹介している。（注3）

その活動を土台にして、隣接する広場と畑地で**「山菜ガーデン」**を造ろうという計画も進んでおり、将来への可能性も秘めているものである。

**（山菜入門講座）**

山菜愛好者を増やすための仕組みの一つとして**「山菜入門講座」**を鎌倉や東京荻窪、山梨県丹波山等で試みた。これは山菜の知識について講師が話をし、山菜料理を食べながら入門検定をしたり、山菜談義を楽しんだりするものである。

鎌倉ではこれを定例化して、山菜料理を提供できるカフェで

**山菜パーティの模様**

（注3）エコハ出版『「ソーシャルエコノミーの構図」』2018編3月

**「山菜教室」**として山菜についての知識を共有しようとの企画も進んでいる。

**（産地ネットワーク）**

山菜の産地については、全国各地にある産地を訪問し、そこからの仕入れ体制を確立するとともに、「山菜王国」の仲間になっていただくように呼び掛けている。各地とつながることによって、旬の山菜を途切れることなく供給する仕組みができる。

これまでのコンタクトでは青森県鯵ヶ沢、山形県鶴岡、北海道北見、東京都八王子などからサンプル的に商品提供を受けることができるようになっている。

これを今後全国にどのように展開していくかについては現在検討中であり、時間もかかるが、これを**「山菜王国ネット」**と呼べるようにしたいとの念は強い。

**（流通機構の構築）**

以上のように、生産者と消費者を組織化できたとしても、流通の仕組みがなければ実際には機能しない。特に、巨大な消費力を持つ東京マーケットへのアクセスが重要である。これについても実証実験が必要なので、東京荻窪で「あさ市」に出店してみた。十分な準備もないままでの出店であったが、ある程度の感触を得ることができた。

これをアンテナショップやふるさと料理店などで常時、提供できる仕組みが必要である。

**（山菜検定）**

消費者の中に山菜愛好家を増やし、生産者に組織的な採取・加工・保存の技術を蓄積してもらい、流通機構を構築していくためには、それをコーディネートできる人材が必要である。そのために山菜の知識や技術を身につけた専門家が育たなければならないということで**「山菜検定」**の仕組みも動き始めている。その中では山菜についての一般的な知識の提供や啓蒙活動だけではなく、「山菜検定」をカリキュラムとして入れてみてはどうかということになり、国際薬膳協会（会長中村信也さん）との連携で、これは山菜についての入門から初級、中級、上級、名人、博士までの資格者を養成する試みを行っている。

これについても各地でその試みを行っているところである。石川県小松市では行政も入ってその制度が実施されている。

二〇一九年五月十二日には「八王子検定」を開催した。これは前年に引き続いて開催されたもので、「山菜を学び、料理して食べる」という企画であった。ここでは検定の結果、初級者が五名、上級者が一名新たに誕生した。

**八王子での検定講座風景**

この種の企画を今後、秋田でも開催する話が進んでいる。

## 3　沿線の新しいプロジェクトとして

以上見てきたように、「山菜王国」を成立させるためには様々な機能が必要であり、最終的にはそれら全体をコーディネートできる体制が必要である。現在はまだその試みが始まったばかりの段階であるが、部分的には様々な試みが実践されている。

本書では秋田内陸線沿線は山菜の宝庫でもあるので、その沿線活性化のために「山菜王国」の仕組みを導入すればいいのではないかと提言したい。

＊＊＊＊＊＊＊＊＊＊＊＊＊＊＊＊＊＊＊＊＊＊＊＊＊＊＊＊＊＊＊＊＊＊＊＊＊＊＊＊＊＊＊

## 山菜検定を中心に　（インタビュー）

山菜検定野外授業の風景

**中村信也さん**

**中村先生は数年前、東京家政大学教授の時、『山菜王国』のなかで王国の基本構想について語られておりますが、それとの関連で「山菜検定」を主宰されていますね。そのお考えの骨子をお知らせください。**

**（中村）**私が山菜に興味を持ったのは「薬膳」からです。これは中国の「陰陽五行」の考えに基づいています。「陰陽」とは世の中が、男と女、昼と夜、暑いと寒い、高いと低いなどからなっており、それが巡っているという思想です。「五行」も世の中が、木と火と土と水と金で構成されており、これも巡っているという考え方です。従って、人間も自然に逆らわず、自然に沿って生きるのが良いという考え方です。

ところが現代社会は、夏には冷房し、冬に

＊＊＊＊＊＊＊＊＊＊＊＊＊＊＊＊＊＊＊＊＊＊＊＊＊＊＊＊＊＊＊＊＊＊＊＊＊＊＊＊＊＊＊

＊＊＊＊＊＊＊＊＊＊＊＊＊＊＊＊＊＊＊＊＊＊＊＊＊＊＊＊＊＊＊＊＊＊＊＊＊＊

は暖房して、冷やしたビールやアイスクリームを食するという生活様式となっており、体のバランスを崩すというようなことが起こっています。

それらを取り戻すには「山菜」が一番良いのではないかと思ったのです。

山菜は自然の中で、生育した「旬」のある植物です。「野菜」は人工的に栽培された菜のことで、一応山菜とは区別されます。この山菜を採ってきて、四季を味わいながら、料理して食べるのが、体にも良いし、経済的でもあると思ったのです。

そのような生活スタイルを促進するため、山菜の基礎知識を持ち、山菜に関心のある人を増やしていくことが必要です。そこでまず、コアとなる人を養成することが必要で、そのための入門講座や「山菜の集い」「山菜パーティ」などを催すのがいいのではないかと思います。また、山菜の産地では専門的な知識を持った人を育てるために「山菜検定」の制度をつくりつつあります。

**秋田内陸線の沿線は山菜の宝庫と言えるほど山菜が豊富ですね。この地域の山菜はどのような特徴がありますか。**

**（中村）**秋田には、多種類の山菜が豊富に採れ、まさに「山菜の宝庫」だと思います。地域の人々は、昔からこれを採って食べていましたが、常に食するものは比較的少なく、料理の方法も限られたものでした。

それだけではもったいないということでこれを「地域資源」として見直そうとの動きが

＊＊＊＊＊＊＊＊＊＊＊＊＊＊＊＊＊＊＊＊＊＊＊＊＊＊＊＊＊＊＊＊＊＊＊＊＊＊

＊＊＊＊＊＊＊＊＊＊＊＊＊＊＊＊＊＊＊＊＊＊＊＊＊＊＊＊＊＊＊＊＊＊＊＊＊＊＊＊＊

あるのは素晴らしいことです。

**この山菜を地域資源として活用し、地域活性化につなげるには何が重要だとお考えですか。**

**（中村）**　この山菜を地域資源として活用するためには、まず地域の人たちが、山菜についての基礎知識を持ち、山菜の採取・下処理・保存の技術を蓄積すると共に、山菜の料理を工夫したり、それらを流通させる組織を作る必要があります。

その出発点として「山菜検定」が良いのではないかということでいくつかの地域で「山菜検定」の制度を開始しています。

この検定は、初級、中級、上級、名人、博士等5段階となっており、講師を派遣して、講義をするとともに知識や技術のテストを行うものです。高い山菜の知識を持った人材が各地で揃えば、それらを基に全国的な「山菜王国ネットワーク」も構築できるのではないかと考えております。山菜に関心の強い人や専門的知識を持った人のコミュニティとしてネットを活用するのもいいかと思います。

**この地域にはすでに山菜を勉強する研究会があり、一部それをビジネスとして展開しようという動きもありますが、今後どのように展開していけばよいと思われますか。**

**（中村）**これから　山菜を地域資源として活用するには、まず地域の料理店や旅館などで「山菜づくし」のような料理を作り、それを説明しながら、山菜の話題が盛り上がるようにするのが必要です。

＊＊＊＊＊＊＊＊＊＊＊＊＊＊＊＊＊＊＊＊＊＊＊＊＊＊＊＊＊＊＊＊＊＊＊＊＊＊＊＊＊

＊＊＊＊＊＊＊＊＊＊＊＊＊＊＊＊＊＊＊＊＊＊＊＊＊＊＊＊＊＊＊＊＊＊＊＊＊＊＊

そこで蓄積されたノウハウをベースにして、大都市マーケットに山菜を拡げる組織を作ることも考えられます。

その際には、山菜の保存や流通の仕組みが必要ですが、それについては、コーディネートする専門家と連携するのが良いと思われます。

製品としては缶詰や真空パッケージ等の工夫も必要です。

**―どうもありがとうございました。**

**八王子山菜検定の風景**

＊＊＊＊＊＊＊＊＊＊＊＊＊＊＊＊＊＊＊＊＊＊＊＊＊＊＊＊＊＊＊＊＊＊＊＊＊＊＊

# 第７章　内陸線沿線をエコミュージアムに

鈴木克也

秋田内陸線を保存・存続させるだけではなく、これを発展させるには、その沿線の魅力度を高めることが必要なことを第一章で述べ、それ以降の章では、その内容を検討してきた。その切り口として**「エコミュージアム」**の視点を各所で論じてきた。

本章では、それらをまとめる意味から、エコミュージアムについての基本的な考え方を整理し、当地域における具体的な展開のデザインについて問題提起したい。

## １　エコミュージアムの考え方

ここで「エコミュージアム」とは、一九六〇年代にフランスで始まり、一九七一年に国際博物館協会（ＩＣＯＭ）初代会長のジョルジュ・アンリ・リヴィエールによって公式化された次のような考え方である。

**アンリ・リヴィエール**

（出所）日本エコミュージアム研究会『エコミュージアム理論と活動』

**「地域社会の人々の生活とその自然環境・社会環境の発展過程を探求し、自然遺産及び文化遺産を現地において保存し、育成し、展示することを通して当該地域発展に寄与することを目的とする新しい理念を持った博物館である」**

すなわち、博物館をひとつの建物に集めるのではなく、地域全体を博物館と考え、それをそのまま保存・育成・展示しようという考え方である。それは図表7－1に示されているように、地域の自然・環境や歴史・文化を現場で調査・収集・展示するもので、保存、研究、有効活用する総合的な取組みである。

**図表 7－1 従来の博物館とのとの違い**

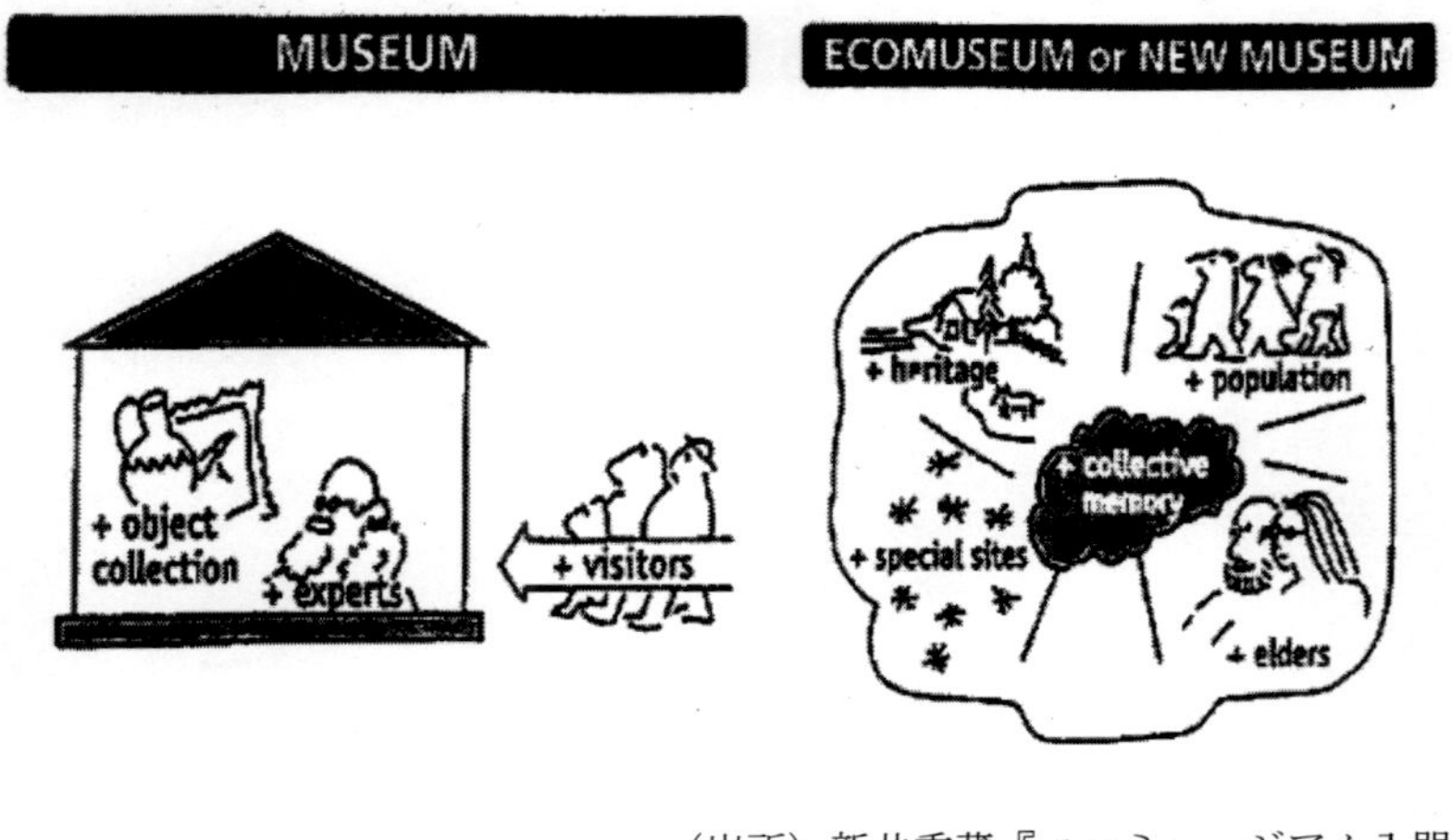


（出所） 新井重蔵『エコミュージアム入門』

**具体的モデル**

エコミュージアムの具体的構造としては図表7－2、図表7－3.のような内容が紹介されている。

それにはず、まとまりが必要であり、その範囲を**テリトリー**と呼ぶ。普通は歩いて移動できる範囲ということである。

次に、テリトリーの中核的な施設が必要でこれを**コア**と呼ぶ。これは施設として代表的であるだけでなく、テリトリー全体の管理機能や情報センターの機能をあわせもつ。

中核としてのコアの周りには関連する施設として**サテライト**があり、それを繋ぐ**「発見の小径」**が必要である。これが魅力的でないと訪問者が楽しみながらあるきまわってくれないのである。

また、このエコミュージアムに気軽に訪れてもらえるための交通アクセスが充実していることは前提条件ともいえるものである。

**図表 7－2　エコミュージアムモデル**

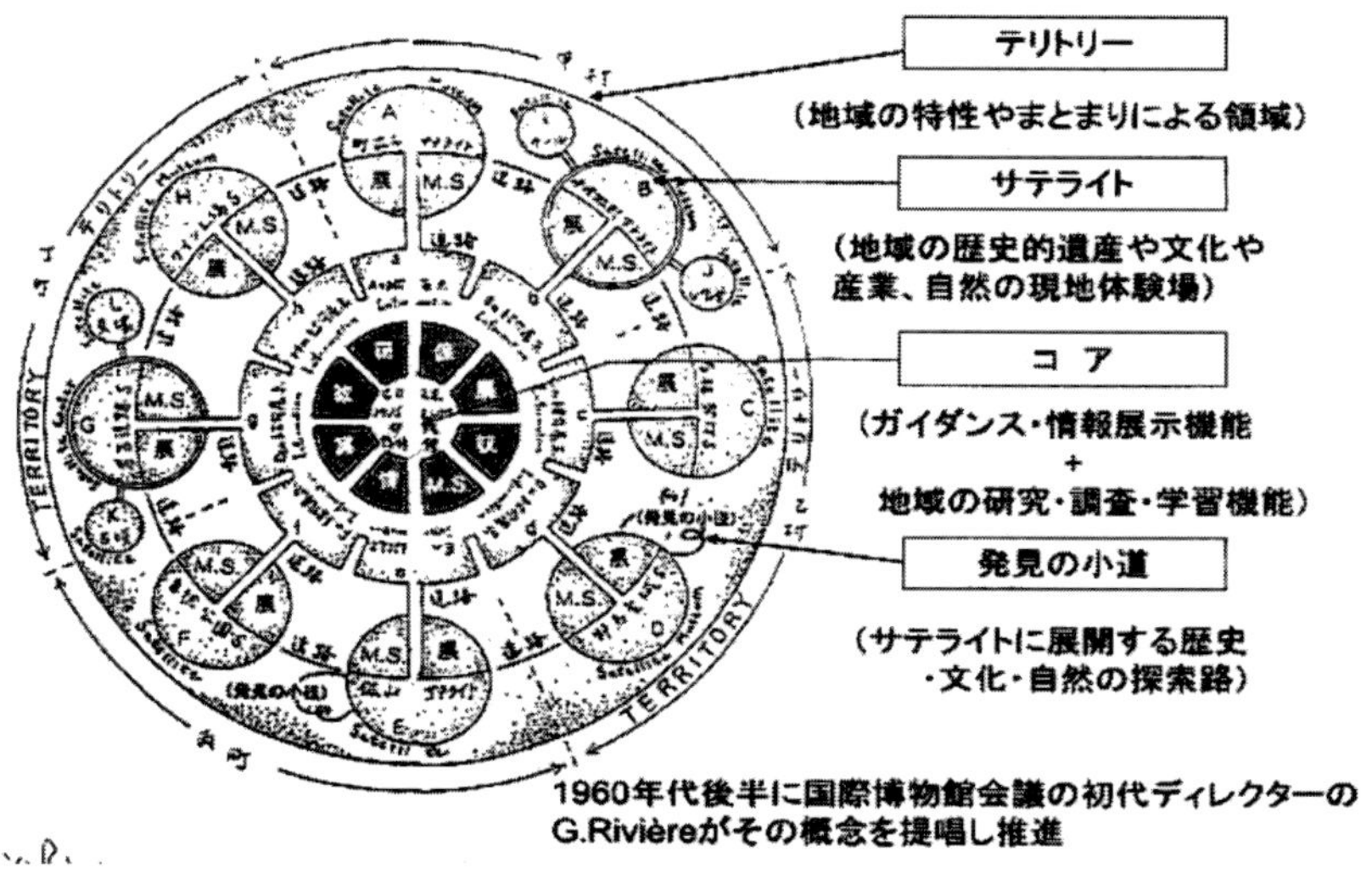


（出所）同上

## 2　沿線での具体的イメージ

### テリトリー

秋田内陸線沿線の全体的な魅力の背景としては「木と森の文化」があることを第3.章で述べたが、これをエコミュージアムの内容とするには、他の地域にはない際立った特徴と言えるかどうかが疑問である。そのような視点からみると第4.章でみたように、この地域には角館の「武家文化」、阿仁地区の「縄文・マタギ文化」、阿仁合の「鉱山文化」がある。これらをエコミュージアムのテーマとするのは納得できる。しかし、それぞれは独自の特徴を持っているので、これを一つにまとめるのには無理がある。そこでまず、それぞれを独自のテーマを持ったテリトリーと考え、それを内陸線が繋いでいると考えるのが、自然であろう。最終的にはエコミュ

**図表 7-3.　エコミュージアムの構造**

**テリトリー（境界領域）：**歴史や文、植生などから見て、際立った特性を持つ空間領域。この空間領域の広場の中に多くの人達が行ってみたい、体験してみたいと思うような複数の地域体験場を持つことが条件である。

**コア（中核博物館）：地**域全体の歴史や文化遺産の情報提示機能や研究・学習機能持つ博物館である。来訪者はコアを訪れるだけで、この地域全体の歴史・文化を把握でき、そこを起点として行動を起こすための情報収集や学習ができる。そのためには継続的に調査研究を行い、それに基づく最新の情報を提供する必要がある。

**サテライト（衛星博物館）：**地域の歴史遺産や文化・産業・自然の現場体験壌である。コアで研究・学習した内容が現地の環境・雰囲気、人とのかかわりあいの中で、内的な知識として昇華し、それにより友好的な結果に結び付ける。

**発見の小径：**サテライトに関する歴史・文化・自然の探求。ガイドによる案内に加えて、探索の過程で興味、関心、疑問を持った事項にタイムスリップできる。

（出所）山﨑一馬著「琵琶湖世界の地域デザイン」より抜粋

ージアムの連合体とする考え方である。

## コア施設

その中で最も特徴的なのは「縄文・マタギ文化」だと思われるので、それをモデルとして考えてみる。

その場合でも、テリトリーをどの範囲と考え、コア施設をどのように考えるかは、重要である。想定としては、マタギの雰囲気を残す阿仁マタギや縄文遺跡のある伊勢堂岱の地域にまたがる奥阿仁地区があるが、それでも範囲は広くなる。またコア施設としても今のところは、なかなか焦点を定めきれない面もある。その点では駅舎そのものをコア施設としてリニューアルすることも一案として考えられる。

今ある施設としていえば、温泉と宿泊機能のある阿仁マタギ駅を活用できるかも知れないが、地区の雰囲気、駅舎の雰囲気などコアとしてふさわしいかどうかは、検討すべきところであろう。

ここでコア施設として最も求められるべき機能は、テリトリー全体の魅力度を集中的に表現できる展示スペースと情報センターとしての資料の収集・発信機能である。展示については、最新の映像技術をフルに活用すべきである。調査・資料の収集・情報発信の出来る専門家の役割も大きい。

また、コア施設の周辺には、散策したり、飲食をしたり、イベントが行える雰囲気を持ったパーク機能を持たせる設計が必要なことは、言うまでもない。

**サテライト**

サテライトとしては、マタギの里、マタギ資料館、山ブドウ皮なめし工房、道の駅（ウッドアート）、伊勢堂岱遺跡縄文館等あるが、距離が離れているので、周遊バス等の交通アクセスも考えなければならない。それらを案内できるガイド等も不可欠である。

**発見の小径**

発見の小径はコア施設、サテライト

**マタギのふるさとを歩く**

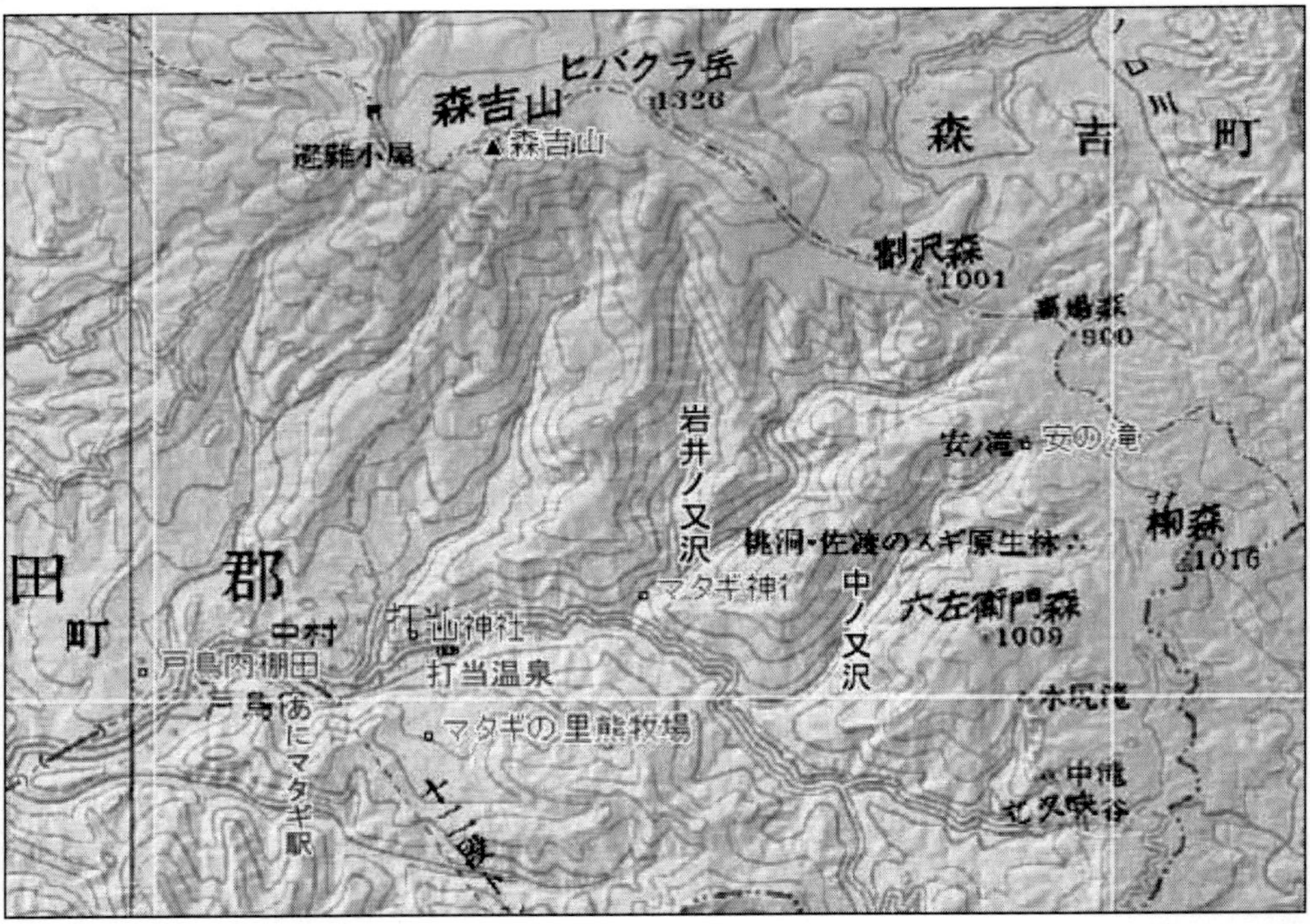

を繋ぐ道で、ここを散策することによって、全体の雰囲気を感じたり、新たな疑問や好奇心を高めたりする場所で全体のつながりを捕まえる重要な役割がある。

## 3 エコミュージアム実現の条件

秋田内陸線エコミュージアム実現にあたっての条件としては、次のようなことを充分考えておく必要がある。

まず、この実現には自治体、住民、大学等専門家、地元商工業者等の協力体制が不可欠であり、その盛り上がりなくしては、実現しない。

もちろん、当初は比較的小さな規模の実験的な取り組みから始め、長い期間をかけて徐々に発展させていくべきものである。

そのためには、長く続くための制度的な整備が欠かせない。その意味では、地元の大学や自治体の役割が大きい。

＊＊＊＊＊＊＊＊＊＊＊＊＊＊＊＊＊＊＊＊＊＊＊＊＊＊＊＊＊＊＊＊＊＊＊＊＊＊＊＊

## エコミュージアムの実践　事例から（インタビュー）

山﨑一眞さん

**山﨑さんは滋賀大学の教授のとき、地域デザイナーとして彦根のまちづくりに積極的に参加されましたが、著書『びわ湖世界の地域デザイン』の中で「彦根エコミュージアムの形成に関する研究」という章をもうけ、エコミュージアムの理論と実践について総括されています。そこでまず、エコミュージアムの考え方についてお教えください。**

**（山﨑）**エコミュージアムの考え方は、一九七一年フランスの国際博物館協会初代会長のジョルジュ・アンリ・リヴィエールによって唱えられたのが始まりです。

フランスはそれまでの中央集権的な体制から、地方分権の方向に転換しようとの運動が盛り上がっていました。国立公園等も市民による参画を重視する動きがありました。

＊＊＊＊＊＊＊＊＊＊＊＊＊＊＊＊＊＊＊＊＊＊＊＊＊＊＊＊＊＊＊＊＊＊＊＊＊＊＊＊

＊＊＊＊＊＊＊＊＊＊＊＊＊＊＊＊＊＊＊＊＊＊＊＊＊＊＊＊＊＊＊＊＊＊＊＊＊＊＊

そうした動きのなかで、博物館も文化財を一カ所に集めて展示するという従来の考え方とは違って、自然や歴史・文化等を現地にあるままの状態として観る、つまりフィールドミュージアムとして、見て回ってもらおうという考え方が生まれたのです。文化財の所有も変更することなくそのままで、基本は自ら運営するものです。

この考え方が多くの人々に受け入れられ、世界中に拡がっていったのです。日本にもその考えが伝わり、様々な実践事例が生まれてきました。

**彦根においてエコミュージアムが形成されていったのはどのような状況の下だったのですか。またそのプロセスにおける課題としてはどのようなことがありましたか。**

**（山﨑）** 私は二〇〇二年から滋賀大学の教授として、彦根に行きましたが、地域デザインを専門分野としていましたので、大学内で研究や講義を行うだけでなく学生や市民と共にまちづくりの活動を実践していました。

大学は彦根城の至近場所にあり、しかも私の研究室は登録有形文化財の独立家屋にありました。

そこを拠点としてＮＰＯ法人地域景観フォーラムを設立し、月一度の研究会を行いながら、地域情報の収集・整理・分析を行っていました。

＊＊＊＊＊＊＊＊＊＊＊＊＊＊＊＊＊＊＊＊＊＊＊＊＊＊＊＊＊＊＊＊＊＊＊＊＊＊＊

まちに出て、様々な活動をしている中で、まちに現存する江戸期の「寺子屋」を何とか活用したい、協力してほしいという話がありました。

そこで、これを「現在の寺子屋」として活用することを考え、そこを拠点として「談話室」やシンポジウム等のまちづくりの活動を始めました。そこには地域の住民や学生をはじめ、県や市の職員、大学の研究者、建築設計などの専門家等が集まり、地域の歴史文化研究の最先端の場となっていきました。

そうした中で、まち中にある「足軽辻番所」が売りに出されるという話が伝わってきました。

このまちは、大名文化が残るまちとして、際立った特徴を持っています。「足軽辻番所」もその重要な施設で、これが消滅すると大事な部分が欠落してしまいます。本来、市が手を打つべきですが、機動力に欠けるため、先行して市民が動く、それを資金に打開策をとろうとしたのです。有志の協力で一〇〇〇万円近い金を集めましたが、これだけでは買取ることが出来ません。市長にかけ合って、集まった募金を市に寄付する、市は不足分を負担して買取り、その運営は市民に任せるという交渉を始めました。

苦労しましたが、なんとかこれを実現させることが出来ました。

その後、先にお話した寺小屋で小

**足軽番所**

＊＊＊＊＊＊＊＊＊＊＊＊＊＊＊＊＊＊＊＊＊＊＊＊＊＊＊＊＊＊＊＊＊＊＊＊＊＊＊＊＊

さな火事がありました。その修復復興を望む声が各所から上がり、様々な活動が行われました。その中の一つに街並みを文化財にしようとする考え方で、その方向で努力の結果、重要伝統的建造物保存地区になりました。

**そのような背景があった上で、エコミュージアムというコンセプトが浮かび上がってきたのですね。**

**（山﨑）**「エコミュージアム」という考え方は、魅力的な地域デザイン手法として承知していました。それはそれとして彦根のまちづくりは市民の運動をベースとして進んできたのです。

　彦根のまちを「エコミュージアム」という観点から改めて眺めると、城下町文化が残されている際立った特徴があり、モデル地域として取り上げるのにふさわしいということに気付きました。

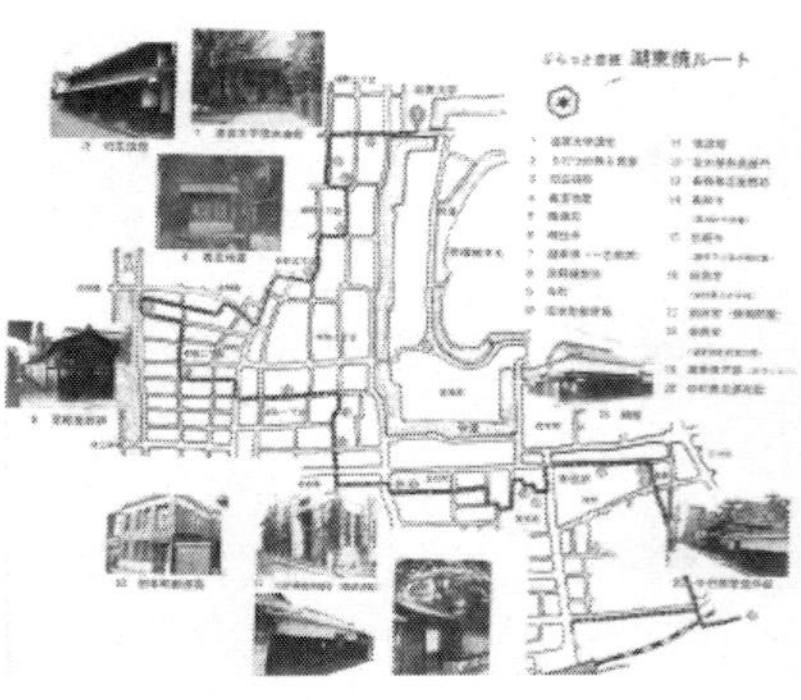

　最も重要なサテライトとしては、彦根城があり、各種御殿があり、武家屋敷があります。また、先ほど言った「寺子屋」「足軽辻番所」ほか様々な歴史的文化遺産があります。

　コアとしては、滋賀大学がその役割を果たしています。

＊＊＊＊＊＊＊＊＊＊＊＊＊＊＊＊＊＊＊＊＊＊＊＊＊＊＊＊＊＊＊＊＊＊＊＊＊＊＊＊＊

＊＊＊＊＊＊＊＊＊＊＊＊＊＊＊＊＊＊＊＊＊＊＊＊＊＊＊＊＊＊＊＊＊＊＊＊＊＊＊＊

発見の小路は、各固体がそれぞれの視点から「小さな旅」を企画し、実行しています。このようにエコミュージアムの条件は揃っているのです。そのことを論文にまとめて発表したのです。

その意図は、各人・各組織が個別にやっている活動を結びつけることによって、総合力を発揮する方向を示したいからだ。それによって、各人が自信をもって進むことでき、繋がる努力を行う、これこそが人間資産の充実を通して未来を招くと考えている。

このようにエコミュージアムは具体的な成果が出るのに五〜十年の長い年月がかかることも覚悟しておく必要があるのです。

**本書では秋田内陸線沿線の魅力を引き出す仕組みとしてエコミュージアム構想を提言しておりますが、そのことについてのコメントをお願いします。その際、この地域にはエコミュージアムのテーマになるものとして異質の三つがあります。一つ目は日本文化の源流としての縄文遺跡群とマタギ、二つ目は近代産業遺産としての阿仁鉱山、三つ目は中世秋田藩の武家屋敷群です。これらをどのように位置づければいいのかを考えています。それらについてもアドバイスをお願いします。**

**（山﨑）**秋田内陸線沿線の地域をエコミュージアムとして考えるのは、良いことだと思います。

サテライトとしては地域に既にある自然や歴史・文化・生活をフィールドにあるがまま

＊＊＊＊＊＊＊＊＊＊＊＊＊＊＊＊＊＊＊＊＊＊＊＊＊＊＊＊＊＊＊＊＊＊＊＊＊＊＊＊

＊＊＊＊＊＊＊＊＊＊＊＊＊＊＊＊＊＊＊＊＊＊＊＊＊＊＊＊＊＊＊＊＊＊＊＊＊＊＊＊

見せれば良いのですが、問題はそのコアをどのように設定するかです。

この地域には、角館を中心とする武家文化、阿仁地区の「縄文・マタギ文化」、明治近代産業の先駆としての「鉱山文化」など独自の文化が際立っていますが、それらを無理にまとめようとしないでそれぞれのテリトリーを設定すれば良いと思います。

秋田内陸線は、それを繋ぐ幹線だという位置づけで、エコミュージアムの群もしくは連合との位置づけでも良いと思います。

その場合は、駅舎をコアとして設置し、情報センターとしての役割を持たせるのも一案です。全部を同時にするのではなく、一カ所から実験的に開始するのもよいでしょう。

その場合でも、情報センターとしては、最近の映像技術を充分活用したディスプレー機能、各サテライトを結ぶ乗合バスやタクシーの交通手段、コア施設周辺の広場の雰囲気などに充分工夫する必要があります。

**今後、秋田内陸線を軸にエコミュージアム構想を実現していく際にはどのようはステップでそれを考えていくべきかについてお教えください。**

**（山崎）**体制の整備や資金の問題もあるでしょうから、それらを一挙に、短期間でやろうということではなく、時間をかけてじっくり取り組むのがいいと思います。

問題は、誰がそれを推進するかですが、地域大学の果たす役割は、極めて大きいと思います。地域大学が関連することによって、情

＊＊＊＊＊＊＊＊＊＊＊＊＊＊＊＊＊＊＊＊＊＊＊＊＊＊＊＊＊＊＊＊＊＊＊＊＊＊＊＊

＊＊＊＊＊＊＊＊＊＊＊＊＊＊＊＊＊＊＊＊＊＊＊＊＊＊＊＊＊＊＊＊＊＊＊＊＊＊＊＊＊＊

報の収集・蓄積・分析が継続的となりますし、それに関する専門家も育ってきます。

また、外部の専門家と提携して協力を仰ぐというのも重要だと思います。

いずれにしても「エコミュージアム」はかけ声だけの問題ではなく、時間のかかる地域おこしやまちづくりの運動であり、時間がたつに従って、良くなっていく息の長い取り組みだと覚悟していただきたいと思います。

**―どうもありがとうございました。**

＊＊＊＊＊＊＊＊＊＊＊＊＊＊＊＊＊＊＊＊＊＊＊＊＊＊＊＊＊＊＊＊＊＊＊＊＊＊＊＊＊＊

* * * * * * * * * * * * * * * * * * * * * * * * * * * * * * * * * * * * * * * * * * * * * *

* * * * * * * * * * * * * * * * * * * * * * * * * * * * * * * * * * * * * * * * * * * * * *

# むすびにかえて

地域における人口減少や高齢化、モータリゼーションの進行による交通体系の変化等はローカル線の利用者数減少をもたらし、存続自体が問われるようになっている。しかし、地域における生活基盤や産業基盤を守る意味でも地域におけるローカル線の存続意義は極めて大きい。

本書でモデルとした秋田内陸線も同じような問題を抱えているが、住民からの強い要望もあり、その存続は確保された。しかし、ローカル線をとりまく環境変化は決して楽観できるものではない。それらの状況を抜本的に克服するためには内陸線沿線の全体の魅力を再発見し、ローカル線を軸とした地域おこしをする必要があるのではないかというのが本書企画のきっかけであった。

たまたま東京で縄文や山菜のテーマを追求していた専門家の仲間で秋田を訪問した時、地域の方々と意気投合したので、共同でプロジェクトチームをつくり、本書発行になった次第である。

本書とりまとめにあたり、「エコミュージアム」の考え方で全体を整理するのがいいのではないかということで、それを軸に本書を組み立てることにした。これは沿線全体をフィールドミュージアムと見立て、それを内陸線がつないでいるという考え方である。この地域は日本文化の源流である「木と森の文化」を語るにふさわしい地域であり、豊かな木と森、花や山菜などの自然に恵まれ、縄文時代の多くの遺跡が多い。「マタギ文化」や「根子番楽」、山ぶどうの皮細工など今に残る縄文時代から続く山村生活文化を今に残している。まずはこれをテーマにしたエコミュージアムを考えるのは地域活性化にとっても、これから諸外国に日本文化を伝えていくにも、有意義なことを考えられる。

今後、ローカル線を軸にした地域おこしの先端事例となればとの想いもある。

本書作成にあたってはその取材や執筆などで多くの方々の協力を仰いだ。ここで深く感謝の意を表した。

二〇一九年　八月

エコハ出版代表　　鈴木克也

# （参考文献）

和田魁新聞社編「魅惑の東北ローカル線」二〇一〇年四月

嵐山光三郎著「ローカル線はおいしい旅」大日本印刷株式会社二〇〇四年三月

小原二郎著「木の文化」

藻谷浩介著「里山資本主義」

日本エコミュージアム研究会編「エコミュージアム理念と活動」牧野出版一九九七年七月

星山幸男著「自然との共生とまちづくり」北樹出版二〇〇七年一月

山崎一真著「びわ湖世界の地域デザイン」

大穂耕一郎著「秋田内陸線ただいま奮闘中！」無明舎出版二〇一一年四月

大穂耕一郎編「がんばれ秋田内陸線」無明舎出版二〇〇四年一一月
エコハ出版編「山菜王国」(株)日本地域社会研究所二〇一五年三月
炭焼三太郎・鈴木克也編著「丹波山通行手形」(株)日本地域社会研究所二〇一六年六月
甲斐崎圭「第十四世マタギ・松橋時幸一代記」中央公論社一九九六年八月
土谷清作著「縄文の世界はおもしろい」エコハ出版二〇一八年九月
小林達雄編「世界遺産・縄文遺産」同成社二〇一〇年
国際文化研究センター「世界の中の日本」中央公論社一九八八年五月
「北海道・北東北縄文遺跡群」公式ホームページ

鈴木克也編「津軽海峡物語」エコハ出版二〇一八年六月

炭焼三太郎・鈴木克也編「椿王国・伊豆大島エコミュージアム構想」エコハ出版
二〇一九年八月

| | |
|---|---|
| **コンピュータウイルスを無力化するプログラム革命（LYEE）2014年11月** | プログラムを従来の論理結合型からデータ結合型に変えることによってプログラムの抱えている様々な問題を克服できる。プログラムの方法をLYEEの方式に変えることにより、今起こっているウイルスの問題を根本的に解決できる。 |
| **（農と食の王国シリーズ）『柿の王国～信州・市田の干し柿のふるさと』2015年1月** | 市田の干し柿は恵まれた自然風土の中で育ち、日本の柿の代表的な地域ブランドになっている。これを柿の王国ブランドとして新たな情報発信をしていくことが求められている。 |
| **（農と食の王国シリーズ）『山菜の王国』2015年3月** | 山菜は日本独特の四季の女木身を持った食文化である。天然で多品種少量の産であるため一般の流通ルートに乗りにくいがこれを軸に地方と都会の新しいつながりをつくっていこうとの思いから刊行された。 |
| **（コミュニティブックス）『コミュニティ手帳』２０１５年９月** | 人と人をつなぎ都市でも地域でもコミュニティを復活することが求められている。昔からあったムラから学び、都市の中でも新しいコミュニティをつくっていくための理論と実践の書である。 |
| **（地域活性化シリーズ）『丹波山通行ッ手形』2016年5月** | ２０００m級の山々に囲まれ、東京都の水源ともなっているる丹波山は山菜の宝庫でもある。本書では丹波山の観光としての魅力を紹介するとともに、山菜を軸とした地域活性化の具体的方策を提言している。 |
| **（農と食の王国シリーズ）『そば＆まちづくり」2016年11月** | 日本独自の食文化であるそばについて、その歴史、風土魅力、料理の作り方楽しみ方などを総合的に見たうえで今後に世界食としての展望を行っている。 |
| **（理論と実践シリーズ）『新しい港町文化とまちづくり』2017年９月** | 北海道の釧路・小樽・函館をモデルに江戸時代の北前船を源流とする港町文化を見直し、今後のまちづくりとつなげていくという提言の書である。 |
| **（農と食の王国シリーズ）『海藻王国』2018年1月** | 海の幸「海藻」はふるじゅじゃらの日本独自の食文化を形成してきた。海藻は美容や健康に大きな効果があり、日本の豊かな食生活を支えている。地域の産業としても、これからの国際的展開という面からも海藻を見直すべきだと論じている。 |
| **（理論と実践シリーズ）『ソーシャルエコノミーの構図』2018年3月** | 今、日本で起こっている様々な社会的な問題を解決するにあたって、これまでの市場の論理や資本の論理ではない「第3の道」としてソーシャルエコノミーの考えじゃたが必要なことを論じ、その実践的な事例を紹介する。 |
| **（日本文化シリーズ）土谷精作著『縄文の世界はおもしろい｝』2018年9月** | 日本文化の源流ともいえる縄文の世界は1万年も続いた。自然と共生し、戦争もない社会は現代文明のアンチテーゼとして見直されている。その生活や精神性を縄文遺跡群や土偶を紹介しながらその全体像をとらえる。 |
| **(地域活性化シリーズ）『津津軽峡物語』2019年6月** | 津軽海峡は世界有数の海峡であり、自然、歴史、文化の面で魅力にとんでいる。これを挟んだ北海道道南と北東北は歴史的にはふかいつながりがあるので、これをを津軽海峡圏にしようとの動きがある。これを現実的なものとするには両地域の共通の瀬心的アイデンティティや経済的つながりが必要なことを検証した。 |

ともに、各地での取り組み先進的事例を紹介し、実践活動に役立てていただきたいということで設立された。出版方式としてもは部数オンデマンド出版という新しい方式をし、採用した。今後も速いスピードで出版を続けていく予定である。

**（連絡先）**
神奈川県鎌倉市浄明寺4-18-11　鈴木克也
（電話・FAX）0467-24-2738　　（携帯電話）090-2547－5083

## エコハ出版の本

| | |
|---|---|
| 『環境ビジネスの新展開』2010年6月　2000円 | 日本における環境問題を解決するためには市民の環境意識の高揚が前提であるが、これをビジネスとしてとらえ、継続的に展開していく仕組みづくりかが重要なことを問題提起し、その先進事例を紹介しながら、課題を探っている。 |
| 『地域活性化の理論と実践』2010年10月　2000円 | 最近地域が抱えている問題が表面化しているが、地方文化の多様性こそが日本の宝である。今後地域の活性化のためは、「地域マーケティング」の考え方を取り入れ、市民が主体となり、地域ベンチャー、地域産業、地域のクリエイターが一体となって地域資源を再発見し、地域の個性と独自性を追求すべきだと提唱している |
| 『観光マーケティングの理論と実践』2011年2月　2000円 | 観光は日本全体にとっても地域にとっても戦略的なテーマである。これまでは観光関連の旅行業、宿泊業、交通業、飲食業などがバラバラなサービスを提供してきたがこれからは「観光マーケティング」の考え方を導入すべきだと論じている。 |
| 『ソーシャルベンチャーの理論と実践』2011年6月2000円 | 今、日本で起こっている様々な社会的な問題を解決するにあたって、これまでの利益追求だけのシステムだけでなく、ボランティア、NPO法人、コミュニティビジネスを含む「ソーシャルベンチャー」の役割が大きくなっている。それらを持続的で効果のあるものとするための様々な事例について事例研究している。 |
| 『アクティブ・エイジング～地域で活躍する元気な高齢者』2012年3月　2000円 | 高齢者のもつ暗いイメージを払拭し、高齢者が明るく元気に活躍する社会を構築したい。そのための条件をさぐるため函館地域で元気に活躍されている10人の紹介をしている。今後団塊の世代が高齢者の仲間入りをしてくる中で高齢者が活躍できる条件を真剣に考える必要がある。 |
| 山﨑文雄著『競争から共生へ』2012年8月　2000円 | 半世紀にわたって生きものに向きあってきた著者が、生きものの不思議、相互依存し、助けあいながら生きる「共生」の姿に感動し、人間や社会のあり方もこれまでの競争一辺倒から「共生」に転換すべきだと論じている。 |
| 『ソーシャルビジネスの新潮流』2012年10月　2000円 | 社会問題解決の切り札としてソーシャルビジネスへの期待が高まっているが、それを本格化するためにはマネジメントの原点を抑えることとそれらを支える周辺の環境条件が重要なことを先進事例を紹介しながら考察する。 |
| 堀内伸介・片岡貞治著『アフリカの姿　過去・現在・未来』2012年12月（予定）2000円 | アフリカの姿を自然、歴史、社会の多様性を背景にしてトータルで論じている。数十年にわたってアフリカの仕事に関わってきた著者達が社会の根底に流れる、パトロネジシステムや政治経済のガバナンスの問題と関わらせながらアフリカの過去・現在・未来を考察している。 |
| （アクティブ・エイジングシリーズ）『はたらく』2013年7月　2000円 | 高齢になっても体力・気力・知力が続く限りはたらき続けたい。生活のためにやむなく働くだけでなく自分が本当にやりたいことをやりたい方法でやればいい。特に社会やコミュニティ、ふるさとに役立つことができれば本人の生きがいにとっても家族にとっても、社会にとっても意味がある。事例を紹介しつつそれを促進する条件を考える。 |
| 風間　誠著『販路開拓活動の理論と実践』2013年11月1600円 | 企業や社会組織の販路開拓業務を外部の専門家にアウトソーシングするにあたって、その戦略的意義と手法について、著者の10年にわたる経験を元に解説している。 |
| （アクティブ・エイジングシリーズ）『シニア起業家の挑戦』2014年3月2000円 | 高齢になってもアクティブにはたらき続けるために『シニア起業家』の道もな選択肢である。資金や体力の制約もあるが、長い人生の中で培われた経験・ノウハウネットワークを活かして自分にしかできないやりがいのある仕事をつくり上げたい。 |
| （地域活性化シリーズ）『地域のおける国際化』2014年8月 | 函館の開港は喜んで異文化を受け入れることによって、地域の国際化におおきな役割を果たした。その歴史が現在でも息づいており、今後の年のあり方にも大きな影響を与えている。これをモデルに地域国際化のあり方を展望する。 |

地域活性化シリーズ
秋田内陸線エコミュージアム－ローカル線を軸にした地域おこし－

2019年 9月20日　初版発行
2020年 6月27日　第二版発行

著者　鈴木 克也

定価（本体価格2,000円＋税）

発行所　エコハ出版
〒248-0003 神奈川県鎌倉市浄明寺4-18-11
TEL 0467 (24) 2738
FAX 0467 (24) 2738

発売所　株式会社　三恵社
〒462-0056 愛知県名古屋市北区中丸町2-24-1
TEL 052 (915) 5211
FAX 052 (915) 5019
URL http://www.sankeisha.com


ISBN978-4-86693-130-2 C1025 ¥2000E